図解でわかる

経営企画部員の基礎知識

役割・機能・仕事──
部門に1冊の実務マニュアル

Corporate Planning Department

**株式会社日本総合研究所
経営企画機能研究チーム**

日本能率協会マネジメントセンター

はじめに

近年、ビジネス環境はこれまでにない速度で変化し、多くの企業がその対応に迫られています。

デジタルトランスフォーメーション（DX）の進展により、ビジネスモデルの再構築が求められる場面が増え、グローバル化の波は市場競争を一層激化させています。とりわけ、人工知能（AI）の急速な進化は、生産性の向上や新たな価値創造の可能性を広げる中で、「人間」の役割や労働市場に影響を与えつつあります。

その一方で、環境・社会・ガバナンス（ESG）への関心の高まりは、企業に対して持続可能な経営と社会的責任の遂行を強く求めています。

このように、企業を取り巻く環境はますます複雑化・多様化し、その変化に迅速かつ的確に対応することが、企業の生存と成長にとって不可欠となっています。

こうした状況下で、企業が持続的な成長を遂げ、競争優位を確立するためには、長期的な視点に立った確然たる経営戦略の策定と、その戦略を実行に移すための強固な組織体制・経営基盤の構築が不可欠です。市場環境の変化を先読みし、企業の強みと弱みを正確に把握し、リスクと機会を的確に評価する能力が求められます。

そして、これらを踏まえて、革新的なアイデアや戦略を生み出し、それを全社的に推進していくリーダーシップが重要となります。

経営企画部門は、これらの課題に対応するための中心的な役割を担っています。経営理念やパーパス・ビジョンの策定から始まり、具体的な戦略の立案、組織体制の構築、業績管理、さらには企業文化の醸成や従業員のエンゲージメント向上に至るまで、多岐にわたる業務を通じて企業全体をリードします。

また、社内外のステークホルダーとのコミュニケーションを円滑にし、情報のハブとしての役割を果たすことも求められます。

しかし、その役割の広範さゆえに、経営企画部員として何を学び、どのようなスキルや知識を身につけるべきか、迷われる方も多いのではないでしょうか。

本書は、そのような経営企画部員の方々を対象に、基礎から実践までを網羅した実務書として企画されました。

　全6章にわたり、経営企画部の役割・機能、ビジョン・戦略の策定とその進捗管理、経営基盤の構築と運用、特定の経営課題への具体的な取組み、必要な知識とスキル、そして経営企画部員としての心構えについて詳細に解説しています。

　第1章では、経営企画部の基本的な役割や活動の特徴を紹介します。企業内での位置付けや他部門との連携方法、さらには経営者の参謀としての役割や情報のハブとしての機能についても掘り下げます。経営企画部が持つべき視点や考え方、そして組織全体に与える影響について理解を深めることで、自身の役割を再確認できるでしょう。

　第2章では、経営理念や長期ビジョンの策定から中期経営計画の管理まで、戦略的な視点での取組みを詳しく解説します。事業ドメインの設定や価値創造ストーリーの策定、KGI・KPIの設定と管理など、戦略立案に必要な手法についても紹介します。さらに、DX戦略やグローバル戦略、新規事業戦略の立案と推進についてもみていきます。

　第3章では、コーポレートガバナンスの強化やリスクマネジメント、経営組織の構築、グループ経営体制の構築など、経営基盤を支える重要な要素について取り上げます。ITインフラの刷新とICTの活用、キャッシュフローのマネジメント、人材マネジメントの高度化など、組織運営に欠かせないテーマについても解説します。

　続く第4章では、ESG経営やM&A、業務改革、構造改革の推進など、さまざまな経営課題に対する具体的なアプローチ方法を紹介します。投資家との対話や資本政策、株主還元、ROIC経営の推進など、財務戦略に関するテーマについても取り上げます。

　第5章では、経営企画部員に必要な知識とスキルとして、メガトレンドの把握や環境分析フレームワーク、戦略策定フレームワーク、財務会計、ファイナンス、デジタル、法務、プロジェクトマネジメントなどを網羅的に解説しています。論理的思考やリサーチスキル、政府の各種ガイドラインの理解など、実務に直結するスキルも取り上げています。

　最後の第6章では、経営企画部員としての心構えや自己成長のポイントについて述べています。経営企画部門自体の評価や変革のあり方について

も考察します。

　本書の特徴は、理論的な解説だけでなく、実務に直結する具体的な考え方やフレームワークを多数取り入れている点です。各章では、本書の執筆メンバーが実際のコンサルティング活動の現場で企業と対話する中で得た経験も踏まえた説明を心がけており、読者が具体的なイメージを持てるようにしています。

　本書は、新たに経営企画部門に配属された方はもちろん、すでに現場で活躍されている方々にも、新たな視点や知識を提供できる内容となっています。激動するビジネス環境の中で、経営企画部員としての役割を再認識し、さらなる成長を目指すための一助となれば幸いです。

　企業の未来を創造する経営企画部員の皆様が、本書を通じて自己の能力を最大限に発揮し、組織全体の成果につなげられることを願っております。

　2024年11月
　　　　　　　株式会社日本総合研究所 経営企画機能研究チーム

経営企画部の社内関連図

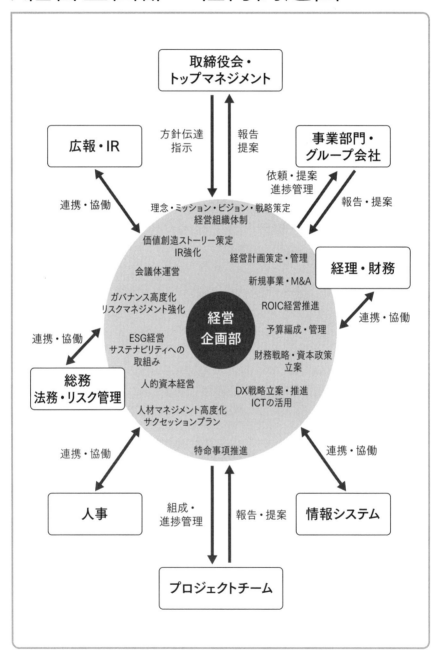

経営企画部の社外関連図

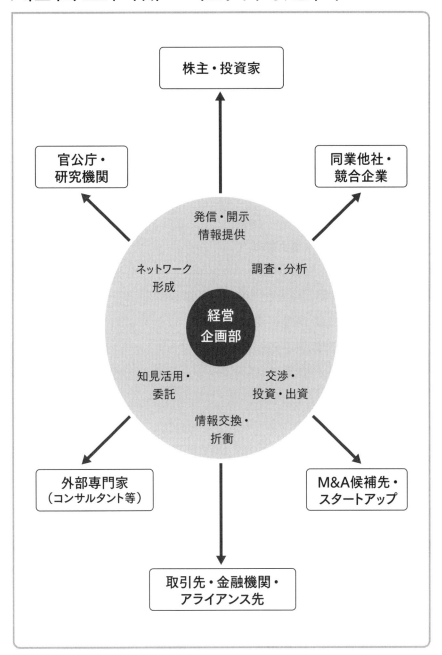

経営企画部員の基礎知識

目　次

はじめに ………………………………………………………………………… 3

経営企画部の社内・社外関連図 ……………………………………………… 6

第1章　経営企画部の役割と機能

1 ◆ 経営企画の3つの機能 ……………………………………………… 14

2 ◆ 経営企画の基本業務 ………………………………………………… 16

3 ◆ 経営企画の活動範囲 ………………………………………………… 18

4 ◆ 会社規模と経営企画機能の関係 …………………………………… 20

5 ◆ 基本役割① 総合企画 ……………………………………………… 22

6 ◆ 基本役割② 資源の配分 …………………………………………… 24

7 ◆ 基本役割③ 重要プロジェクトの企画立案と管理 ……………… 26

8 ◆ 基本役割④ 経営者の参謀 ………………………………………… 28

9 ◆ 基本役割⑤ 社内のハブ …………………………………………… 30

10 ◆ 基本役割⑥ 情報の収集と分析 …………………………………… 32

経営企画部コラム① 日本の経営企画部の成り立ち …………………… 36

第2章　ビジョン・戦略の策定と進捗管理

11 ◆ 経営理念やミッション・パーパスの策定と浸透 ………………… 38

12 ◆ 長期ビジョンの策定 ………………………………………………… 40

13 ◆ 事業ドメインの設定 ………………………………………………… 44

14	◆	価値創造ストーリーの策定	46
15	◆	事業ポートフォリオマネジメント	48
16	◆	中期経営計画の策定と管理	52
17	◆	KGI・KPI の設定と管理	58
18	◆	予算の編成と管理	60
19	◆	人的資本経営の推進	62
20	◆	DX 戦略の立案と推進	66
21	◆	グローバル戦略の立案と推進	70
22	◆	新規事業戦略の策定と支援	74
23	◆	経営会議体の運営	78

経営企画部コラム② 経営企画部員であることの意外な強み ⋯⋯⋯⋯⋯ 80

第3章 経営基盤の強化と運用

24	◆	コーポレートガバナンスの強化	82
25	◆	取締役会の高度化	84
26	◆	経営組織の構築	88
27	◆	グループ経営体制の高度化	92
28	◆	グループ会社のマネジメント	98
29	◆	IT インフラの刷新と ICT の推進	100
30	◆	リスクマネジメントの高度化	102
31	◆	経営管理制度の高度化	104
32	◆	キャッシュフローマネジメントの推進	106
33	◆	投資評価・管理の高度化	108
34	◆	知的財産管理の高度化	110
35	◆	人材マネジメントの高度化	112

経営企画部コラム③ 不正、不祥事との関わり方 ………… 114

第4章 特定の経営課題への取組み

36 ◆ ESG経営・サステナビリティへの取組み ………… 116

37 ◆ 投資家との対話 ………… 120

38 ◆ 指名・報酬に関する委員会の運営 ………… 122

39 ◆ 資本政策と最適資本構成 ………… 124

40 ◆ 株主還元の方針検討 ………… 128

41 ◆ M&Aやアライアンスの推進 ………… 130

42 ◆ 経営統合を成功させるPMIの推進 ………… 134

43 ◆ 経営効率に資する業務改革 ………… 136

44 ◆ シェアードサービスの推進 ………… 140

45 ◆ 構造改革の推進 ………… 142

46 ◆ ROIC経営の推進 ………… 144

47 ◆ 組織風土の改革 ………… 148

経営企画部コラム④ 環境・エネルギー問題などメガトレンドへの向き合い … 150

第5章 経営企画部員に必要な知識とスキル

48 ◆ メガトレンドからの未来予測 ………… 152

49 ◆ 環境分析のためのフレームワーク ………… 154

50 ◆ 戦略策定のためのフレームワーク ………… 158

51 ◆ 資源配分のためのフレームワーク ………… 166

52 ◆ 財務会計の基本 ………… 170

53	ファイナンスの基本	174
54	デジタル技術の最新動向の把握	176
55	法務の基本	178
56	プロジェクトマネジメントの基本	180
57	ロジカルシンキングの基本	182
58	論点思考と仮説思考の基本	184
59	リサーチの基本	188
60	行政機関発行ガイドラインの理解	190

経営企画部コラム⑤ 経営企画部の実際の業務と1日の流れ ⋯⋯⋯⋯ 192

第6章 経営企画部員としての心構え

61	経営企画部スタッフと管理者の心構え	194
62	経営トップの支援	198
63	経営企画部門の評価のあり方	202
64	経営企画部門の変革	204

経営企画部コラム⑥ ベネフィット・コーポレーションという潮流 ⋯⋯⋯⋯ 207

おわりに ⋯⋯⋯⋯⋯⋯⋯⋯⋯⋯⋯⋯⋯⋯⋯⋯⋯⋯⋯⋯⋯⋯⋯⋯⋯⋯⋯⋯⋯ 210

付録1 経営企画部専門用語集 ⋯⋯⋯⋯⋯⋯⋯⋯⋯⋯⋯⋯⋯⋯⋯⋯⋯⋯ 212

付録2 経営企画部お役立ち情報源 ⋯⋯⋯⋯⋯⋯⋯⋯⋯⋯⋯⋯⋯⋯⋯ 223

索引 ⋯⋯⋯⋯⋯⋯⋯⋯⋯⋯⋯⋯⋯⋯⋯⋯⋯⋯⋯⋯⋯⋯⋯⋯⋯⋯⋯⋯⋯⋯ 227

本書は2024（令和6）年10月1日の法令に基づいています。

第 **1** 章

経営企画部の
役割と機能

1

経営企画の3つの機能

会社の中心部で企業価値向上をリードすること

◆経営企画部門の本質的な役割

　経営企画部門の立ち位置は会社ごとに異なるが、本書ではその本質的な役割を「会社の中心部で企業価値向上をリードすること」であると捉える。

　より具体的には、全社レベルでの重点推進課題や部門横断課題について経営者や経営ビジョンの意を汲み、「その推進に必要な情報や意見を一元的に整理・集約（機能1）」し、「集約した情報を価値を生むストーリーへと転換（機能2）」し、「価値を生み出す活動へと現場を駆り立てるコミュニケーションを促進（機能3）」する組織であると定義する。

◆［機能1］情報の一元的整理・集約

　1つめの機能は、社内外の情報を整理・集約する機能である。

　社内の情報整理・集約の例としては各部門の計数データの収集、推進課題の進捗状況や意見を聴取することなどが挙げられる。

　社外の情報整理・集約の例としては、自社の事業・業界に関わるメガトレンドやトピックなどを専門誌や専門サイトなどから入手したり、取引先や有識者などと意見交換したりするなどが挙げられる。

　情報整理・集約にあたっては、経営者の意や経営ビジョンをもとに仮説を持って取り組むこと、および数値などのデジタルな情報だけでなく、ステークホルダーの生の声や現場の感覚などアナログな情報と組み合わせて両面からアプローチすることが重要である。

　また、情報をタイムリーかつ効率的に整理・集約するための仕組み（情報伝達フロー、ルール、ITシステム、AI活用など）の構築も併行することが望ましい。

◆［機能2］価値を生むストーリーへの転換

　2つめの機能は、得られた情報を分析して自社の現状や問題点を整理したり、各部から集約した情報や意見を整理・調整したりすることなどを通じて、企業価値向上に資する有用なストーリーに転換する機能である。

経営企画部門には玉石混交の大量の情報の中から本当に価値ある情報を抽出する「目利き力」が問われる。その際、取捨の重要な判断基準の1つは経営ビジョンとの整合性である。

　「無加工のまま、むやみに大量の情報を右から左に流すだけ」といった行為はときに矛盾や消化不良を生み、不信感にもつながりかねない。

　自社の全体最適に向けて必要な情報とは何かを常に意識し、受け手への伝わり方にも配慮した明瞭なストーリーへの転換が不可欠であるし、情報と情報のマッチングによる新たな価値の創出の可能性を追求する統合思考も求められる。

◆［機能3］価値を生み出す活動へと現場を駆り立てるコミュニケーション促進

　3つめの機能は、会社の進むべき方向性について主体的に提案し、重点施策の推進をリードする機能である。

　「絵を描いて終わり」「単なる取りまとめ役」「評論家的に口出しするだけ」ではなく、広くさまざまな関係者と能動的にコミュニケーションを取り、目まぐるしく変動する事業環境に対峙する会社の中心で重点施策実行の旗振り役となることが求められる。

⋮ 図表1　経営企画の役割と基本機能

本質的な役割

会社の中心部で企業価値向上をリードすること

全社レベルでの重点推進課題や部門横断課題について
経営者の意や経営ビジョンをもとに、

機能1　情報の一元的整理・集約
- 全社レベルでの重点推進課題や部門横断課題に関する社内外の情報を整理・集約する機能

機能2　価値を生むストーリーへの転換
- 得られた情報を企業価値向上に資する有用なストーリーに転換する機能

機能3　価値を生み出す活動へと現場を駆り立てるコミュニケーション促進
- 会社の進むべき方向性を提案し、重点施策の推進をリードする機能

2 経営企画の基本業務

中長期の経営支援から環境変化への適宜対応など広範な役割と業務

◆経営企画が担う役割・業務

◎中長期の経営の方向性検討

まず最も重要かつ本質的な役割として、「ビジョン・事業領域の設定（再設定）」「中期経営計画の策定」「組織構造の見直し・拠点再編」など、会社経営の中長期の方向性の検討が挙げられる。

「中期経営計画の策定」は数年に一度しか発生しないタスクであるが、常に状況確認を継続しながら策定への備えを怠らないようにする。

◎定例業務

「中期経営計画」の進捗管理に加え、「単年度予算の編成・進捗管理」「グループ会社の管理」など月次や四半期のルーティン業務がある。

また、取締役会や経営会議など経営意思決定に関わる会議体の運営・進行などの事務局業務を担うのも経営企画の大事な役割である。

◎特命業務

経営トップから直接指示を受ける特命業務の受け皿となることも多い。

新規事業やM&Aの検討・推進などのトップシークレット業務は、検討当初において多人数を巻き込めないため、普段から経営全体の方向性に触れ、トップの意向・背景を熟知している経営企画が秘密裡に初動し、道筋をつける役割を担うことになる。

事業承継や経営層の後継者選定などが具体的に動く場合には、トップの意向を理解しながら実務を進める役割を担うこともある。

◎その他環境変化対応

上記に加え、さまざまなビジネス環境の変化を先取りして情報収集と経営に関わる課題への初動対応が求められる。

例えば、所属業界によってその重要度は異なるが、「次世代○○（素材、情報インフラ、モビリティなど）」や「○○テック」と呼ばれるような技術進展の動向、「人的資本経営」「パーパス経営」「サステナビリティ経営」といった新たな経営のトレンドにもアンテナを立て、必要に応じてその対応を検討する。

この他にも、「環境エネルギー問題」「コーポレートガバナンス」「人権・ダイバーシティ」など企業を取り巻く新たな課題が次々と現れるため、中長期を見据えた活動が幅広く求められる。

図表2　経営企画の主な役割・業務

◎中長期の経営の方向性検討

- ビジョン・事業領域の設定（再設定）
- 中期経営計画の策定
- 組織構造の見直し・拠点再編
- 資本政策・配当政策見直し、IR推進・強化
- 組織風土・文化の改善・改革

◎定例業務

- 中期経営計画の進捗管理
- 単年度予算の編成
- 単年度予算の進捗管理
- グループ会社の管理
- 取締役会・経営会議等の会議体事務局

◎特命業務

- 経営トップ直轄の特命プロジェクト推進
- 新規事業推進
- M＆A戦略・提携戦略推進
- 事業承継、後継者選定

◎その他環境変化対応

- 技術進展に基づくメガトレンド

  業務の自動化・効率化、次世代素材、次世代通信、次世代情報インフラ、次世代モビリティ、フードテック、先進医療、次世代農業、フィンテック、ITセキュリティ　など

- 新しい仕組みに基づくメガトレンド

  人的資本経営、パーパス経営、ESG・サステナビリティ経営、モノ・資産のシェア・活用、次世代マーケティング　など

- 政策や社会的価値観の変化に基づくメガトレンド

  温室効果ガス削減、資源の循環・ロス削減、アクティビスト対応、ガバナンス強化、人権尊重・ダイバーシティ　など

第1章　経営企画部の役割と機能

3 経営企画の活動範囲

会社の企業価値向上に資する取組みに関する企画・推進のすべて

◆経営企画の活動を定義すると

　営業部門は「売上を伸ばす」部署、経理部門は「正確な会計処理を行う」部署などのように会社内の各部門はその役割がおおよそ定まっている。しかし、経営企画部門が「M&Aや新規事業に特化」している会社もあれば、「経営関連業務の事務局仕事のみを行っている」会社もある。そして前項で挙げたような多岐にわたる業務を幅広く行う会社もあるなど、ルーティン業務以外の非定型業務も多く、その実態は多種多様である。

　活動範囲の定義が困難な経営企画だが、それをあえて定義するならば、「他部門の役割として定義されている職務以外で、会社の企業価値向上に資する取組みに関する企画・推進のすべて」であり、そして「現状の役割定義だとどの部署も能動的には対応しようとせず空白地帯となっているが、会社にとっては重要なテーマ」を埋めていく役割だといえる。

　また、「会社の変革を推進する機能」とも定義できる。それというのも、「変革すべきポイントの見極め」「変革が必要な根拠の分析」「変革の進め方（誰が、いつまでに、どこを目的に、どのように）の策定」「変革の実行のコントロール」なども活動範囲に含まれるからだ。

　以上からその業務特性をまとめると、以下のようになる。

- 全社およびグループ会社も含め全体を俯瞰的にみる
- 中長期的な将来のチャンス、リスクを見極める
- トップが考える方向性を具体的なアクションに落とし込み、会社全体をリードする
- 会社やグループ全体の位置付け、方向付けを客観的な視点でみる
- 部門間やグループ企業間などにまたぐ課題解決に向けた調整を行う

　また、他の部署にはみられない次のような特徴もある。

- 定型業務が少ない
- 突発的な緊急業務が多い
- トップ機密に関わることが多い

図表3　経営企画の活動範囲

経営企画のミッション定義の一例

ミッション定義
例1 他の部門の役割として定義されている職務以外で、会社の企業価値向上に資する取組みに関する企画・推進のすべて
例2 自社の変革を推進すること
【変革すべきポイントの見極め】
● 変革が必要な根拠の分析
● 変革の進め方（誰が、いつまでに、どこを目的に、どのように）の策定
● 変革の実行のコントロール

経営企画の業務特性

業務特性
1 全社およびグループ会社も含め全体を俯瞰的にみる
2 中長期的な将来のチャンスとリスクを見極める
3 トップが考える方向性を具体的なアクションに落とし込み、会社全体をリードする
4 会社やグループ全体の位置付け、方向付けを客観的な視点でみる
5 部門間とグループ企業間などにまたぐ課題解決に向けた調整を行う

主な特徴

● 定型業務が少ない
● 突発的な緊急業務が多い
● トップ機密に関わることが多い

会社規模と経営企画機能の関係

会社の成長に応じて、経営企画部門の組織形態が変わり得る

◆**会社の成長と経営企画機能の変遷**

　会社の成長に応じて、経営企画部門の組織形態が変わることがある。創業当初あるいは初期の成長段階においては、経営者自身や少数の参謀が経営企画機能を担うため、経営企画部門が部署として組織されることは少なく、一定程度の成長を果たし、複数名の専任担当を置く必要性が生じてはじめて経営企画部門が組織されるのが一般的である。

　そこからさらに会社規模が拡大すると、一部署だけで企画機能を果たすことは困難になり、社内の各部門に機能分掌するという動きも多くみられる。機能分掌のあり方としてよくみられるのは、各部門の中に「営業企画課」や「生産企画グループ」などの企画機能を担う専任部署を置く方法である。

◆**経営企画部門が念頭に置くべき視点**

　機能分掌される水準（売上規模、拠点数、従業員数、グループ会社数など）は会社によってさまざまであり一様ではないが、企業の成長による変化の過程では必ずいつか「集約」と「分散」という節目が訪れることは認識しておくべきであり、そうなってから、つまり限界ラインを超えてから気付いて準備するのでは遅い。

　そのため、経営企画の役割を担う者はさまざまなケースの企業の成長プロセスにおける組織形態の変遷についての事例を把握しておくべきだろう。そうしたケースをベンチマークしながら、自社の経営スタイルや事業構造等と照らし合わせて、最適な機能のあり方を検討する姿勢が求められる。

　そのうえで、「経営企画機能を我々の部署だけで抱えていてよいのか」「各部門に分散している企画機能は、現在の経営環境に照らして適切だろうか」といった経営的な視点を常に念頭に置きながら、会社全体を俯瞰するとともに、個々の部門部署の活動実態を詳らかにみることが経営企画部門としての役割だと認識すべきである。

図表4 経営企画機能の変遷(例)

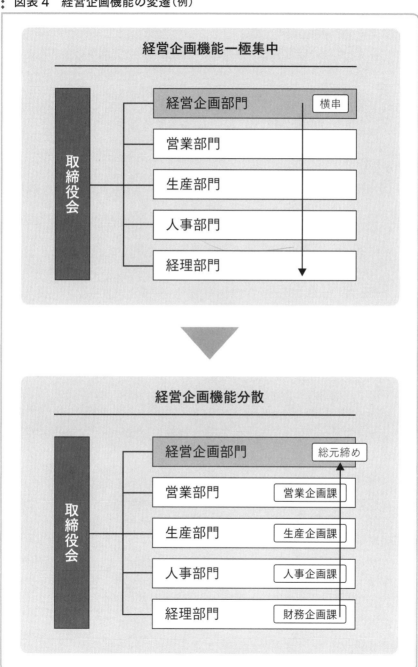

5 基本役割①

総合企画

現状と今後の経営課題の整理および経営基盤の方向性の検討と設計

　会社が進むべき大きな道筋を描くことを「総合企画」という。総合企画における実務は「現状分析」と「構想設計」に大別できる。

◆現状分析
　現状分析とは、主に以下のような視点で多面的な分析を行い、「現状の問題点と今後の経営課題」を整理することである。

◎ビジネス環境分析
- 経済環境、社会情勢、法規制・政策
- マーケット推移、市場規模
- 業界特性、競合・ベンチマーク動向、需要、顧客特性
- 商流、サプライチェーン
- 新技術、新商品　など

◎内部リソース分析
- ヒト：組織（職務・権限）、人材
- モノ：製商品、設備
- 情報：システム、データ
- 機能：企画、営業、購買、生産、物流、経理財務、人事　など

◎オペレーション分析
- 業務プロセス・フロー、規定・ルール・マニュアル
- 既存の経営理念・ビジョン・戦略、中長期計画・実行計画、予算管理、業績管理、目標管理、意思決定プロセス、会議体　など

◎財務分析
- フロー：損益構造、収益力、売上・利益構成、原価・販管費構成
- ストック：実質純資産、滞留債権・回収可能性、適正在庫・滞留在庫、資金繰り・資金調達・返済計画　など

◆構想設計
　構想設計とは、経営理念をベースにして、経営ビジョンから経営戦略、

事業別戦略、機能別戦略へと詳細化・具体化するとともに、マネジメント基盤の方向性も検討・設計することである。これら構想の実現に向けて「誰が」「何を」「いつまでに」「どの程度まで」行うかの具体的な目標やアクションプランを策定し、浸透・定着を図る。

図表5　総合企画の全体像

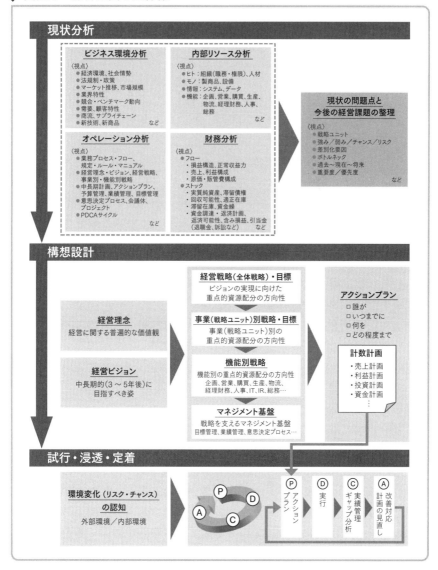

6 基本役割②

資源の配分

バリューチェーン分析を通して資源配分のバランスを検討する

◆戦略タイプとバリューチェーン分析

　目まぐるしく変化し続けるビジネス環境下で取り組むべきテーマが多々あるなかでは、限りある自社のリソース（ヒト、モノ、カネ、情報など）を何にどの程度振り向けていくのか、すなわち「資源の配分」が重要となる。

　それには自社内はもとより、仕入先・販売先などの取引先や業界全体のビジネス環境がどのような状況にあり、今後どのような方向に向かっていくのかを過不足なくバランスよく把握し続けることが必要となる。そのうえで自社の資源を優先配分する領域を定めていく。

　そのためのフレームワークとして、図表6①に示した4つのマトリクスがある。これは「既存市場or新市場」および「既存製品or新製品」のうちどの象限に注力するかといった検討に活用するためのものであり、以下の4タイプのうち自社の取るべき戦略はどれで、どのような資源配分が最適かを吟味する。

◎市場浸透戦略型▶既存製品×既存市場

　会社組織、仕入れ・販売ルート、営業方法などの見直しを行う

◎市場開拓戦略型▶既存製品×新市場

　現在の製品を、現在の顧客の周辺顧客・新規顧客にも購入してもらう

◎新製品開発戦略型▶新製品×既存市場

　現在の顧客に対して、高機能化・高性能化等の改良した製品を提供する、または切り替える

◎多角化戦略型▶新製品×新市場

　既存市場とも既存製品とも一切関係のない分野へ参入する

　その際、図表6②のように自社の活動を各バリューチェーンに分解し、重点的に強化すべきポイントを見出していくなど視点を変えながら分析を行うことが求められる。このとき、戦略性に欠ける前例踏襲型の予算配分ではなく、トップの意向や現場のビジネス環境などを幅広く踏まえながら戦略的に的確な配分が行えるよう留意する。

図表6 資源の配分

①資源配分のフレームワーク（例）

	既存製品	新製品
既存市場	**市場浸透戦略型** ・既存市場の細分化 ・競合市場の奪取 ・非ユーザーの市場化	**新製品開発戦略型** ・製品改良 ・新技術 ・ラインナップ見直し
新市場	**市場開拓戦略型** ・周辺市場の開拓 ・新セグメントづくり	**多角化戦略型** ・水平多角化 ・垂直多角化 ・非関連多角化

②バリューチェーン分析

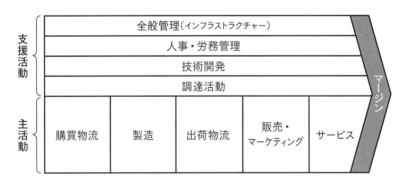

▶バリューチェーン分析とは…
企業における各事業活動を価値創造のための一連の流れ（Value Chain）として捉え、それぞれの活動がどのように全体の価値に貢献しているかを体系的に整理・分析するためのフレームワーク。生産から販売・アフターフォローまでの一連の流れを主活動、その主活動をバックオフィス業務などにより支えるのが支援活動であり、後工程へとプロセスを経た最終にマージン（利益）が生じることを視覚化する。

7 基本役割③

重要プロジェクトの企画立案と管理

全社的や部門横断的なプロジェクトの事務局として主体的に推進に関与

◆プロジェクトの「方針」を決定する役割

新たな販売促進プロジェクトや工場の品質改善プロジェクトのように営業部門や製造部門など既存の特定部署が中心となって取り組むことが自明のプロジェクトをはじめ、会社にはさまざまなプロジェクトが発生する。

特に、複数部署にまたがって検討を進める必要があるものの旗振り役が明確ではない全社的や部門横断的なプロジェクトの場合、責任の所在が曖昧になりがちなため、部署間の連携を推進する経営企画部門がプロジェクトの事務局として主体的に推進に関与する必要がある。

こうしたプロジェクトではさまざまな利害関係が生じるため、経営企画部が「方針」をどのように定めるかが成否を左右する。

◆「方針」の関係者とのコンセンサス

しかしながら、経営企画部が検討した具体的な目標や行動指針となる「方針」に対して関係部署から異論や反論が出てくることがある。

その際、建設的な意見は汲み取りつつも、方針に従ってプロジェクトをコントロールしながら推進していくためには、方針の前提や根拠となる情報をプロジェクトの関係者と共有することがとても重要となる。

図表7の例でいえば、ダイバーシティに関する取組みの目的や背景、経営トップからの要請事項に加え、他社動向や効果的な手法なども踏まえて多面的観点から対応方針を決定し、そのプロセスは経営トップの了解を得たうえで推進していることを明示することもポイントとなる。

これらをおろそかにし、「ダイバーシティは人事にすべて任せておけばよい」などと他部門に丸投げの姿勢でいると、その部門の思惑で検討が進んでしまい、それ以外の部門からクレームが出てしまったところで事務局の経営企画部門が利害調整役としてやむなく議論に参加する、ということになりかねない。一度こうなってしまうとコントロール不能になったり、コンフリクトの調整役といった本来業務とはかけ離れた仕事に追われたりという残念な結果を招いてしまう。

そこで、経営企画部としては、例えば次のようにプロジェクトの冒頭で関係者とコンセンサスを取ることが望ましい。

[経営企画部の関わり方（例）]
「ダイバーシティという取組みを全社的観点から当社なりに捉えると…という方針のもと、業務部、システム部、人事部が連携して、業務フローの改善、システムの刷新、人事制度の見直しを行いたいと考えています。この方針については経営層から承認を得ています」などのように、全体方針を関係者全員が納得できる根拠とともにしっかりと示して、まずは合意形成を図る。

そのうえで、「あくまでもこれは大きな方針を示すものであって、この方針から逸脱しない範囲であれば、各現場の率直な意見も聞かせてほしいと思います。建設的な意見であれば極力その意見を反映できるよう、経営層とも掛け合います」というように、経営企画部門は単なる方針出し・指示・命令役ではなく、プロジェクトの推進を支援する立ち位置であることを示し、経営層から現場までが一体となって同じ方向に向かえるようコントロールしていく。

図表7　プロジェクト推進上の経営企画の役割

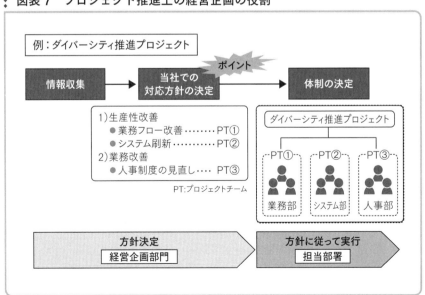

8 基本役割④

経営者の参謀

経営者の考えを概括的・継続的に把握・理解し、弱みがあれば補完

◆**経営者との定期的な意思疎通**

中長期ビジョンや戦略はトップマネジメントが示すものであり、その背景・根拠（トップの思い・データの裏付け）も含めて、理解・可視化・全社浸透させるのが経営企画の使命であるが、そのために経営陣との意思疎通が極めて重要である。

しかしながら、役員同士で経営に関する意向が分かれるケースもある。そうした場合の調整など「経営者の参謀」としての活動が期待されるのも経営企画部である。

経営者の参謀として活動する前提として、経営者（経営トップ層）がビジネス環境や自社の将来像についてどのような考えを持っているのかを概括的・継続的に把握・理解するための定期的なコミュニケーションが必要となる。その際に、業績指標や事業領域、組織形態、人材要件といった経営者が考えている戦略を構成する各テーマの現状と中長期のありたい姿を整理しておくとよい（図表8①）。

◆**経営者の弱み部分をカバー**

また、「経営者にマネジメントスキルにおける弱みの部分があれば、それをどうカバーしていくか」という視点を持つことも経営者の参謀としての経営企画部員には重要である。

経営者の中にはあらゆることに秀でた万能型の人も存在するが、経営者もひとりの人間である以上、「実行力は素晴らしいが計画性とのバランスが取れないことがある」とか、「構想力は誰もが認めるところだが独善的に物事を進めるきらいがある」といったように強みと弱みを併せ持つことは珍しいことではない。

そこで経営者が弱みとする部分を経営企画部が経営者の「頭脳（考える）」「目（見る）」「耳（聞く）」「口（伝える）」「手足（実行する）」として補佐役となり、経営者と経営企画部が補完し合えるようにバランスさせていかなければならない（図表8②）。

図表8　経営者の参謀としての役割

①経営者との対話フレームワーク（例）

「改革」テーマ	現状	中期経営ビジョン 3〜5年後の 「ありたい姿」	長期経営ビジョン 10年後の 「ありたい姿」
事業領域 （ドメイン）			
事業エリア			
顧客群			
組織形態			
人材			
風土			
売上高、利益 （額・率）			
その他（規程・ルール、システム、業務フロー、…）			

②経営者と経営企画の役割バランス

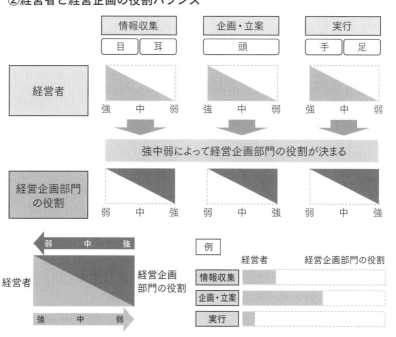

第1章　経営企画部の役割と機能

9 基本役割⑤

社内のハブ

経営層から現場職員までが有機的に連動する経営システムを推進する役割

◆有機的に連動する経営システムのハブ

　経営企画部門には「長期ビジョンから日常的な活動まで」「経営層から現場職員まで」が時系列で有機的に連動する経営システムを推進するハブになる役割があるため、経営トップ層から現場のキーパーソンまで幅広く能動的にコミュニケーションを図ることが必然となる。

　社内のハブとしてのコミュニケーション活動を通じて、経営層の意向や経営方針の変化をタイムリーに把握する一方、現場で予期せず生じる課題や事業環境の変化を注視するなど、経営と現場の双方に目を向けながら早期に問題をつぶして全社的な成長支援を行う姿勢が求められる。

　具体的には、経営層の役割である「ビジョンの設定」や「ビジョンの浸透・定着に向けた大所高所からの網羅的なモニタリング」と現業部門の役割である「現場レベルの現状分析・評価、課題整理」「実行結果の自己評価」との間に立ち、橋渡しや翻訳、説明・報告・フィードバックなどの役割が求められる。

◆円滑なコミュニケーションのための施策

　なお、関係者との円滑なコミュニケーションを行う前提として、以下のような項目について対面のコミュニケーション（インタビュー）を事前に行い、相互の基本的な考え方のすり合わせができているとその後の関係づくりに役立つことも多い。

　　□ 当社の（他社にはない/他社に勝てる）強み、チャンスと感じている点は？

　　□ 当社の「○○事業」や「△△戦略」の将来の成長・発展に向けて必要な取組みは？

　　□ 将来、「○○事業」や「△△戦略」以外に当社の新たな柱として確立していくべき方向性は？

　　□ 例えば、以下のような項目について、普段感じている問題意識や改善ポイントがあれば忌憚なくお話しください。

①当社の業務の進め方
②当社の製品、サービス、技術
③当社の組織のあり方
④当社の人材のあり方
⑤当社の風土
⑥当社の関係者（顧客、下請け先など）との関係
⑦その他、当社の経営・運営全般

図表9　社内のハブ（イメージ）

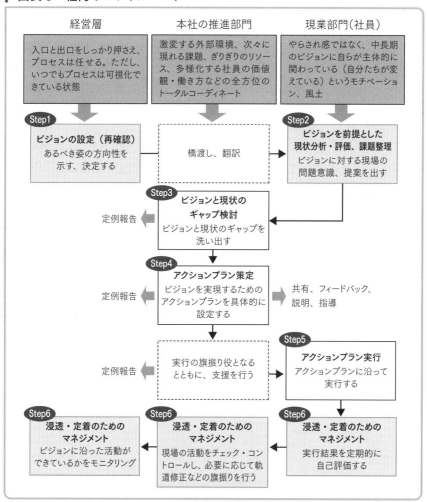

基本役割⑥

情報の収集と分析

経営企画部門として入手すべき情報を優先的に取り扱い、経営に活かす

◆経営に資する情報分析

　経営活動に資する情報収集と分析には、「全体設計」が不可欠である。そして全体設計は、次の5つのStepを通じて行うとよい。
　Step1：目的を確認する
　Step2：仮説を設定する
　Step3：情報収集項目を設定する
　Step4：情報収集手段を設定する
　Step5：分析手段・アウトプットイメージを設定する

　このうち、情報収集手段は大きく、「デスクリサーチ」「ヒアリング」「アンケート」の3パターンがある（図表10-1）。
　それぞれは目的や仮説に応じて使い分けたり、組み合わせたりしながら収集・分析に努めたい。
　また、それぞれの情報源の特徴のほか、入手方法や費用感に違いがあることも把握しておくとよいだろう（図表10-2）。
　そして、分析にあたって留意したいポイントには次の5つがある。
　Point1：中立的な視点で情報をみる
　Point2：情報の原因や背景を考える
　Point3：その情報に比較対象がないかを考え、極力比較をする
　Point4：情報が数値化できそうなら数値化をする
　Point5：その情報は5年先にどうなりそうかを考える

　このうち、Point1の「中立的な視点で情報をみる」が最も重要であり、主観や仮説に引きずられ過ぎず、実際の情報が仮説を否定するものであったときにそのことに気付き、事実を受け入れる姿勢が必要である。
　Point2からPoint4は分析結果の説得力を増すうえで重要となるが、特にPoint2の「情報の原因や背景を考える」は経営企画部員としての普段の情報収集における習慣として心がけておくとよいだろう。

また、Point3の「その情報に比較対象がないかを考え、極力比較をする」とPoint4の「情報が数値化できそうなら数値化をする」は経営者に分析結果を説明する際に大切となる。

Point5の「その情報は5年先にどうなりそうかを考える」は経営企画特有の視点ともいえることであり、中長期の視点で経営戦略の方向性を検討するうえではぜひとも心がけておきたい。

◆経営企画部ならではの情報収集・分析活動

日々の活動には「情報」がつきものだが、そのうち経営企画部門として入手すべき情報を優先的に取り扱い、経営に活かす姿勢が大事だ。

それは例えば、社外情報であれば業界や競合の動向など外部環境情報が該当するだろうし、社内情報であれば各部門や社員の実情などだろう。

例えば、ある部門の当月の業績が芳しくないということは社内の月次管

図表10-1　3つの情報収集手段

	概要	良い点	注意すべき点
デスクリサーチ	・書籍、新聞・雑誌、論文、特許、Webサイト等、既存の公開情報を収集する方法	・広範囲な情報を集めることができる ・作業者の時間さえ確保すれば、情報収集に取り掛かれる	・公開情報は、必ず何らかの形でバイアスがかかっているため、その点を留意して分析する必要がある ・資料のカバー範囲や時期（更新／発表時期）を確認する必要がある
ヒアリング	・経営者・役員、従業員や社外の有識者・関係者・消費者に直接面会し、話を聞く方法 ※1 直接面会のアポイントを取るのではなく、セミナーや展示会に参加するという方法もある ※2 消費者調査では、「グループインタビュー」「デプスインタビュー」と呼ばれることが多い	・人の手を介していない情報を入手することができる(消費者調査では、調査会社に、対象者選定やヒアリングの場セッティングを委託することが多い)	・多人数のヒアリングインタビューを実施することが難しい ・社外の場合、アポイントを取ることが難しい場合も多い
アンケート	・社内外の調査対象者に質問を投げその回答データを収集する方法 ・イントラネットやインターネットを介した調査、郵送・会場調査等方法は多い	・多数の意見を把握することができる ・定量的分析ができるため、周囲が納得しやすいアウトプットとなるケースがある	・インターネットを介した調査では、回答者によるなりすましや二重回答など、信頼性に疑問が持たれるケースもある

33

理資料をみれば一目瞭然であるが、その原因は何なのか。その部門が月次会議で報告したコメントどおりで本当に正しいのだろうか。会議では言えない別の原因がないだろうか。その原因を見過ごしてしまうと大きな損失にならないだろうか――。

　このようにクリティカルな視点で、経営層も気付かない奥底に隠れている真相を発見することも経営企画の情報収集・分析活動の1つである。

◆全社的視点から社内で流通する情報を見直す

　また、経営企画部は日々さまざまな情報をさまざまな経路を通じてやり取りする部門であるため、情報の質や量に問題がないか、定期的に見直すことも必要である。例えば、次のような観点から見直しを図る。

- 情報の種類（顧客情報、営業情報、品質情報など）別に体系的に整理できているか
- 情報は最新のものにアップデートされているか
- 現在の情報量は適切か
- 現在の情報伝達範囲は適切か
- 現在の情報伝達手段（システム、帳票、会議体など）は適切か
- 現在の情報伝達プロセス（伝達の順序）は適切か

　各現業部門では、自らが関与している情報に対して、自らの必要性の観点から見直しを行うことはあるだろうが、全社的観点での見直しまでには至らないのが通常である。

　これが長期間誰も手をつけないまま放置されてしまうと、「意義を失い、活用もされず、ただ蓄積されるだけの情報」が増殖してしまう。会社全体の課題を解決する経営企画部として、このことに留意したい。

図表 10-2　情報源の種類とそれぞれの特徴

情報源			特徴	入手の容易さ	費用感
官公庁			各種統計など。一般的に信頼度は高いが浅い情報が多い	Excelデータなど加工が簡単な形式でダウンロードできる統計が増えてきている	原則無料
団体		業界団体	団体によっては、業界の動向に関する情報を収集しており、公開されていることも多い	官公庁の情報に比べると、PDFや紙など加工がしにくい形式が多い	無料〜低価格
		学会、シンクタンク	第一人者やスペシャリストの情報、アカデミックな分析を踏まえた情報が得られることが多い	Webサイトで全文を閲覧できるケースもあるが、学会誌等を図書館等に見に行かなければならないケースもある	無料〜低価格
民間企業	新聞社 出版社	新聞	最新動向が入手可能。業界によっては専門新聞もあり、より新しく深い情報が取れる	有料データベースを契約していれば、すぐに入手可能なケースが多い 有料データベースを契約していなければ、図書館等で情報を入手できる場合もある	中程度
		雑誌	特に業界誌は、最新動向だけでなく、過去〜将来を扱うことが多く、これまでのトレンドをみるのに適している		
		書籍	最新動向を追うには向かないが、理論や全体像等が体系的に整理されていることが多い	試し読みができない場合、想定していた情報が得られないケースがある	中程度〜高額
	調査会社	データベース(DB)	特許、技術論文、企業情報、アナリストレポート、業界情報等さまざまな有料データベースが存在する	契約をしていれば必要なときにすぐ入手できる	高額
		レポート	業界動向を把握しやすい	購入の場合、日数がかかるケースが多い（図書館に所蔵されていることもある）	超高額
	事業会社	IR資料	ベンチマークやパートナー企業等企業の基本動向を把握可能	大体の資料がダウンロードできる	無料
		ニュースリリース	1つ1つを確認していくと、WebサイトやIR資料には出ていない企業の活動傾向が把握できることもある	Webサイトですぐに閲覧できることが多い	無料
		技術論文特許	企業によっては、事業内容や属する市場の情報等を細かく掲載していることがある		

経営企画部コラム①

日本の経営企画部の成り立ち

◆アメリカとの比較から

　日本企業において、経営企画部は経営の中核を担う重要な部門として位置付けられている。しかし、アメリカなどの海外企業では、経営企画部に相当する部門が必ずしも一般的ではない。なぜ日本企業では経営企画部が発展し、重宝されるようになったのか。

　日本企業では伝統的に事業推進部門とコーポレート部門が分かれており、かつコーポレート部門は安定的な市場環境のもと、比較的オペレーショナルな業務を遂行する（戦略立案・推進にはあまり関与しない）、という役割分担で経営を行ってきた。

　しかし、経済成長に伴って急速に事業拡大や多角化を進める過程で、多くの大企業で全社的な戦略立案や資源配分の最適化が求められ、経営者をサポートする専門部門として経営企画部が設立された。経営企画部は、経営方針の策定から各部門への伝達、進捗管理までを一手に担い、企業全体の調整役として機能した。

　日本の企業文化は、組織の一体感や調和を重視する傾向があり、全社的な視点で物事を進める観点からも経営企画部の存在が重要視された。また、終身雇用や年功序列といった人事制度の中で、経営者候補の育成の場としても経営企画部は活用された。

　一方、アメリカではシングルドメイン（単一事業領域）の企業が多く、CxO チーム（CEO、COO、CFO、CHRO など）が連携しつつ戦略を立てることが一般的だ。そのため、全社的あるいは事業横断的な戦略を統括する経営企画部門の必要性が日本ほど高くない。

　近年、日本企業はグローバル競争の激化やデジタル化の進展、さらには ESG（環境・社会・ガバナンス）への対応など、多岐にわたる経営課題に直面している。こうした複雑な環境下で、経営企画部の役割はますます重要になっている。

　日本の経営企画部は独自の企業文化と経営環境の中で発展し、企業の成長と変革に大きく寄与してきた。一部の企業ではアメリカ型の CxO 制度に移行し、CFO 傘下に経営企画機能を統合していく動きもみられるが、これまでの企業経営との整合性の観点から、これからも経営企画部は多くの企業の未来を切り拓く原動力として重要な役割を担うことになるだろう。

第2章

ビジョン・戦略の策定と
進捗管理

11

経営理念やミッション・パーパスの策定と浸透

経営陣により明文化された企業の使命や方向性の社内浸透の推進

◆**経営理念の定義**

　経営理念とは、企業やその経営者・社員が経営や日々の業務活動にあたって重視する基本的な指針のことである。経営においての基本方針や考え方のみを表す場合もあるが、図表11に示すように、ミッション・ビジョン・バリュー（MVV）と呼ばれる一連の理念体系全体を表す場合もある。一般的にミッションは「企業としての存在意義」、ビジョンは「企業としてのあるべき姿」、バリューはミッションとビジョンの実現に向けた「価値観や行動指針」と解釈されている。

　つまり、ミッションそして企業としての社会貢献を示すパーパスと同じ位置付けの方針を「経営理念」と呼ぶこともあれば、MVVを「経営理念（体系）」と呼ぶこともある。

　また、ミッションやバリューを設定せずに、それらを含めて「経営理念」とすることもある。その場合の経営理念には「企業として何を大事にするか」「その際にどのような行動基準を持つか」の両方の要素が含まれていることが望ましい。

◆**ミッションとパーパス**

　ミッションは、企業が事業を営む目的や使命、存在意義を示すものである。多くの場合、「○○（技術や自社の経営資源、事業内容）を通じて、△△（顧客・社会などのステークホルダー）に□□（便益・価値）を提供する」という形で表現される。企業の普遍的な目的や使命を指すものであるため、頻繁には更新すべきでない。また、すぐに達成できるような目標ではなく、数十年かけて目指すような目的・目標を掲げるべきである。

　そしてパーパスは基本的にはミッションと同義であるが、より社会に対する貢献を重視したものである。

　ミッションまたはパーパスのいずれかを掲げる企業もあれば、社内向けのものをミッション、それを社外のステークホルダー向けにわかりやすく表現したものをパーパスとして両方を掲げる企業もある。

◆経営理念やミッション・パーパスの策定と浸透

経営理念やミッション・パーパスを策定し、社内に浸透させる責務を担うのは経営陣であって、その際の実務を担うのが経営企画部の役割である。

近年、自社の存在意義の再考や周年事業の一環などで経営理念やミッション・パーパスを制定し直す企業もある。上述のとおり、その会社独自の普遍的な目的や使命である経営方針は頻繁に更新するものではないが、経営環境の変化に対応するために事業の見直し等が起こればそれはポジティブに捉えるべきだろう。

その際、ゼロから全く新しいものを作るというよりも、創業時から大切にしてきた価値観や暗黙的に共有されている風土や文化を考慮することも一考である。

図表 11　経営理念の構成要素

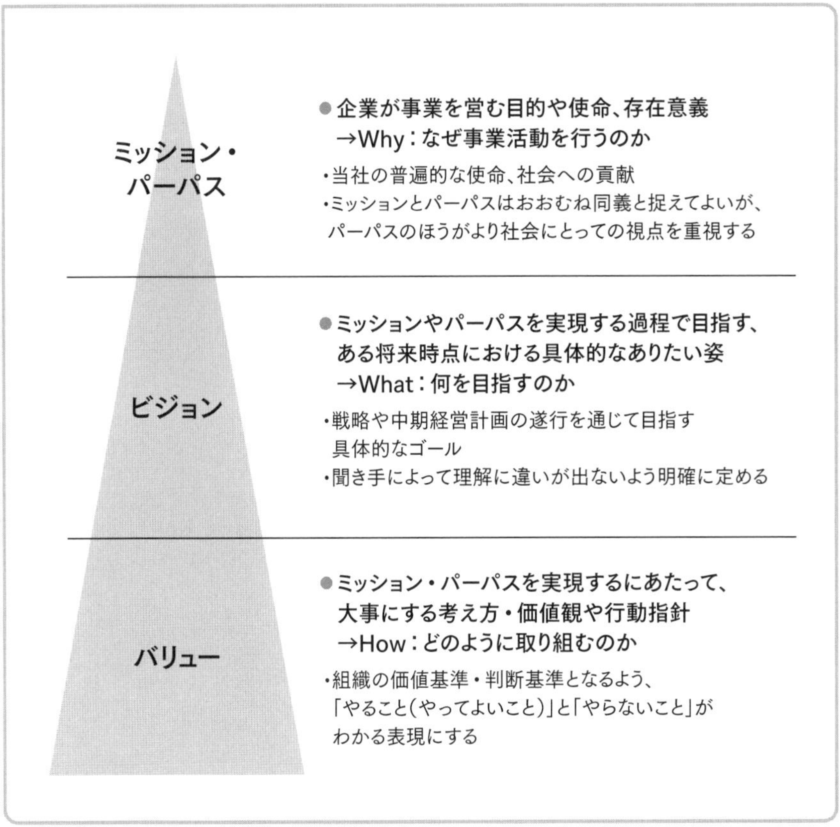

ミッション・パーパス

- ●企業が事業を営む目的や使命、存在意義
  →Why：なぜ事業活動を行うのか
- ・当社の普遍的な使命、社会への貢献
- ・ミッションとパーパスはおおむね同義と捉えてよいが、パーパスのほうがより社会にとっての視点を重視する

ビジョン

- ●ミッションやパーパスを実現する過程で目指す、ある将来時点における具体的なありたい姿
  →What：何を目指すのか
- ・戦略や中期経営計画の遂行を通じて目指す具体的なゴール
- ・聞き手によって理解に違いが出ないよう明確に定める

バリュー

- ●ミッション・パーパスを実現するにあたって、大事にする考え方・価値観や行動指針
  →How：どのように取り組むのか
- ・組織の価値基準・判断基準となるよう、「やること(やってよいこと)」と「やらないこと」がわかる表現にする

12 長期ビジョンの策定

「将来どのような姿であるべきか / ありたいか」という描像から逆算する

◆**将来のあるべき姿・ありたい姿を実現するための計画支援**

　企業の存在意義を示す経営理念やミッション・パーパスは普遍的・抽象的であるがゆえに、これらを掲げただけではその実現のためのアクションは起こしにくい。

　そこで、将来のある時点における企業としての具体的なあるべき姿やありたい姿を示しながら、企業の将来像である長期ビジョンを踏まえて、それを実現するための経営戦略、そしてアクションプラン（行動計画）や数値計画である中期経営計画を策定する。経営企画部門はその支援を担う。

◆**長期ビジョンの構成要素**

　長期ビジョンは10年、長くて20年程度の未来における企業の姿を描くことが一般的である。そしてその構成要素として取り入れられることとして、①事業のドメイン、②業界内でのポジション（例：○○業界で日本のシェアトップ）、③ビジネスモデルやポートフォリオ、④取り組むべき重要課題、⑤結果としての財務・非財務のパフォーマンス（売上、利益、それらの事業別の構成比等）などがある。

◆**バックキャスティングによるビジョン策定**

　ビジョンを作るうえで重要なのは、現状にとらわれ過ぎず、あくまで「将来どのような姿であるべきか/ありたいか」を描くことである。まずは目指すべき将来の企業像を描き、次にその実現のために必要な課題とその解決策、中間時点でのあるべき姿、そこに至るためのアクションに落とし込んでいく、というように最終目標から逆算していく「バックキャスティング」と呼ばれるアプローチをとる。

　これに対して、現状から漸次的に将来像を描く「フォアキャスティング」というアプローチがある。これは短期的な目標達成には向いているが、長期を見据えた挑戦や変化対応に則した戦略立案につながりにくい。そのため、ビジョンの策定に際しては、バックキャスティングが望ましい。

図表 12-1　ビジョン策定の基本事項

■ ビジョン検討の枠組み

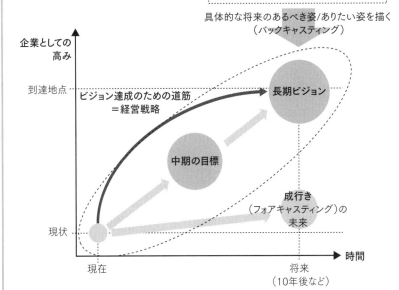

■ ビジョンの構成例

①事業領域・ドメイン	● 自社が事業を展開する領域の範囲(2章-13参照) ● 主たる顧客、提供価値、自社の機能などの軸で定義する
②業界内でのポジション	● ドメインや各事業において、業界内で目指すポジション（市場シェアや確立すべきポジショニングなど）
③ビジネスモデル・ポートフォリオ	● 各事業で構築するビジネスモデル（顧客にとっての価値と、それを提供する仕組み、利益を上げる仕組み） ● 多角化企業の場合、事業のポートフォリオ（2章-15参照）
④重要課題	● 目指す姿（上記①～③）と現状とのギャップであり、取り組むべき主な課題
⑤財務・非財務パフォーマンス	● 売上・利益(率)、事業構成比や社会への貢献などといった、財務・非財務の定量的な指標

◆良いビジョンの判断基準

策定したビジョンが自社の目指す将来像を指し示し、また戦略や中期経営計画に落とし込めるものであるかどうかを判断するには、次の視点でチェックする。

◎経営理念やミッション・パーパスに沿っている

長期ビジョンは、企業の抽象的な経営理念やミッション・パーパスを、将来時点の具体的な企業像として描くものである。したがって、経営理念やミッション・パーパスとの関連付けが明確でないと、「なぜこの姿を目指すのか？」がわかりにくくなり、戦略のストーリーに一貫性が出なくなる。

むしろ、当社の経営理念やミッション・パーパスと現在地や事業を取り巻く外部環境を踏まえた当社の進む方向性を考えることで、ビジョンの大枠は自ずと定まってくる。「なぜその姿を目指すのか？」の問いに答えられない場合は、経営理念やミッション・パーパスに立ち返る。

◎現状を過度に意識せず、バックキャストの視点で作られている

自社の現在地はしっかりと認識しつつも、あくまで「将来あるべき姿/ありたい姿は何か？」という問いのもと、バックキャストで立てたビジョンになっていなければならない。

◎社員が共感し、前向きになれる

ビジョンの役割は、社員をはじめとするステークホルダーに対して、企業が目指すべき方向性を具体的に示すことである。そのため、社員にとって共感でき、また前向きな気持ちで実現を目指すことのできる、ワクワクするようなものでなければならない。

◎明確でわかりやすく、適度に具体的である

売上目標や業界内シェア（例：○○市場で1位など）など、長期ビジョンは「具体的な目標」を含むものでなければならない。ビジョンがはっきりしないと、それを実現するための戦略の焦点がぶれるからである。

また、社内外のステークホルダーに共感してもらうためにも、明確でわかりやすいメッセージやフレーズで示すことも重要である。

◎目指す状態が企業価値創造の観点から望ましい姿といえる

描いたビジョンは企業価値の創造という観点に照らして、「本当に望ましい姿といえるか？」を満たしているかの検証が必要である。

例えば、「資本コストを上回る利益目標になっているか」「目指すドメイ

ンやポジションは目指す利益率や売上規模を達成しうるか」といった観点からの検証である。

前者の資本コストからの検証は近年関心が高いテーマであることから意識する企業も増えている。

一方、後者の戦略的な視点からの検証は、十分に意識できていない企業も多々見られる。こうした場合にこそ、経営全体を俯瞰的にみる経営企画部が客観的な視点や指標を持って検証する必要がある。

図表12-2　良いビジョンの判断基準の例

◎経営理念やミッション・パーパスに沿っているか	●経営理念やミッション・パーパスを踏まえた将来時点の企業像になっており、これらと関連付けたストーリーができている
◎バックキャストの視点で作られているか	●バックキャストのアプローチで、「本来どうあるべきか/ありたいか」という問いに答えられるビジョンを作ることができている
◎社員が共感し、前向きになれるか	●社員が共感でき、また前向きになれる（ワクワクできる）明るいビジョンである
◎明確でわかりやすく、適度に具体的であるか	●将来像を曖昧にせず、具体的に示している ●わかりやすいメッセージやフレーズで説明されており、従業員やステークホルダーの頭に残りやすい
◎目指す状態は企業価値創造の観点から望ましいか	●財務の視点：資本コストを上回る利益率になっており、さらに企業価値を高められる数値目標を掲げている ●戦略の視点：目指すポジションやビジネスモデルは、成長性・収益性の観点から望ましいものである

Check !

自社の目指す将来像を指し示し
戦略や中期経営計画に落とし込む

13

事業ドメインの設定
「顧客グループ」「顧客ニーズ」「自社の技術」の3つの視点からの定義

◆「エーベルの三次元事業定義モデル」によるドメインの定義

　ビジョンを策定するにあたって、まずは自社の事業のドメインを定義する。ドメインとは、企業が事業を展開する主要な領域のことである。ドメインを定義しなければ、ビジョンや戦略を策定するにあたって、どこまでを検討の対象としてよいのかが定まらないし、実務的には自社の成長ポテンシャル（市場の成長性など）も計算することができない。

　ドメインを定義する方法の1つに、英国出身の経営学者デレク・エーベルが提唱した「エーベルの三次元事業定義モデル」がある。このフレームワークは、ドメインの構成要素を次の3つの視点から定義するものである。

　①顧客グループ（誰に提供するのか）

　②機能／価値あるいは顧客ニーズ（どのような価値を提供するのか／顧客のどのようなニーズを満たすのか）

　③技術・ノウハウ（どのように提供するのか）

　この3つの視点それぞれについて考えられる要素を洗い出し、それらを組み合わせながらドメインを絞り込んでいく。

　例えば、「顧客グループ」であれば、B2BなのかB2Cなのか、国内なのかグローバルなのか、あるいはさらに絞り込んだ特定のターゲットセグメントなのか、といった切り口が考えられる。

◆企業としての「ウィル」を入れ込む

　ドメインの検討においては、市場の規模や成長性といった事業環境の整理や競合と比較した自社の強み・弱みといった客観的な分析を行うことはもちろんだが、経営陣や従業員の「ウィル（Will：意志）」を入れ込むことも極めて大切になる。「我々は何のために事業を行うのか」という企業としての意志の表明である。

　したがって、ドメインの定義にあたっては、自社の経営理念やミッション・パーパス、そして経営陣や従業員の意志を汲みながら、「我々は何をしたいのか？」という視点で議論することが必要である。

44

図表13 事業ドメインの設定アプローチ

■ エーベルの三次元事業定義モデル

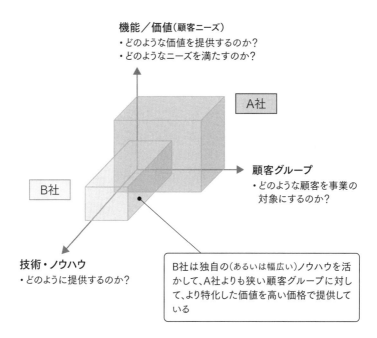

■ ドメイン設定のアプローチ

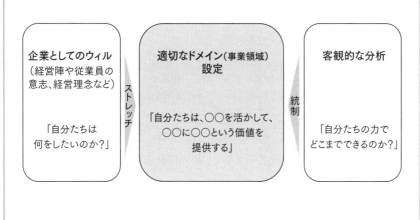

14

価値創造ストーリーの策定
自社の目指す姿とその道のりを非財務情報も含めてわかりやすく伝える

◆価値創造ストーリーとは何か

　価値創造ストーリーとは、「企業が持続的な価値創造のために、目指す姿とそこに至るまでのプロセスや方法をストーリー（Narrative；物語形式）として語るもの」である。もともとは、ESG（環境・社会・ガバナンス）その他の非財務情報の報告も含めた統合報告書が日本に導入されるにつれて、その主要なコンテンツである「価値創造プロセス」をわかりやすく伝えるためのものとして用いられていた。

　価値創造プロセスとは、企業がどのような資本（インプット）を使って、どのような事業活動を行い（ビジネスモデル）、結果として何を生み出して（アウトプット）、資本やステークホルダーにどのような影響を与えるのか（アウトカム）、の仕組みを図示したものである（図表14②）。

　ただし、上場企業に対する株主やステークホルダーが求める要素が変化するなか、価値創造ストーリーに求められる要素も変わりつつある。

◆経営トップが価値創造ストーリーを語ることの必要性

　統合報告書において価値創造ストーリーの説明が求められるようになった背景には、2010年代頃からESGなどの非財務情報の情報開示が増えるなかで、投資家が参照すべき企業の開示情報が膨大になったことがある。企業の財務情報と非財務情報を関連付けて、一連の価値創造ストーリーとして説明することが求められるようになったのである。

　昨今では、日本企業の企業価値向上への関心の高まりにより、現在の価値創造プロセスだけでなく、持続的な企業価値創造を目指す将来の価値創造プロセスや、その将来像に至る道筋、そしてそれらに対する経営トップのコミットも注目されるようになっている。社内外に向けて、自社の目指す姿とそこに至るまでの道のりを、トップ自身の言葉でわかりやすく伝え、浸透させることが求められるようになってきているのである。

　なお、投資家やステークホルダーに将来の価値創造プロセスを説明するにあたってはその前提として、明確なビジョンを描くことが不可欠である。

図表14 価値創造ストーリー

①価値創造ストーリーとは何か／なぜ必要か

〈上場企業に対する投資家やステークホルダーの要請〉

- 企業価値創造に向けた資本市場の要請の強まり
- 非財務情報の重要性の高まり
- 企業変革を率いる経営者のリーダーシップへの期待の高まり
- 事業活動や開示情報の複雑化

↓

経営トップが「価値創造ストーリー」を語ることが求められるように

価値創造ストーリーとは

「企業が、持続的な**企業価値創造のために**、
これまで培った強み（**インプットとなる経営資本**）を活かしながら、
どのような**企業（あるいは社会）の将来像**を目指し、
そのためにどのような**ビジネスモデルやポートフォリオ**を構築するのか、
そのためにどのような**新たな経営資本**を獲得していくのか」
を、わかりやすい**一連のストーリー（Narrative）**として表現したもの

↓

策定した価値創造ストーリーは、
統合報告書（とくに経営トップのメッセージ）で説明

②対話ツールとしての「価値創造プロセス」のフレーム（簡略化したもの）

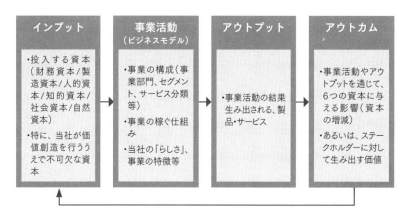

インプット	事業活動（ビジネスモデル）	アウトプット	アウトカム
・投入する資本（財務資本／製造資本／人的資本／知的資本／社会資本／自然資本） ・特に、当社が価値創造を行ううえで不可欠な資本	・事業の構成（事業部門、セグメント、サービス分類等） ・事業の稼ぐ仕組み ・当社の「らしさ」、事業の特徴等	・事業活動の結果生み出される、製品・サービス	・事業活動やアウトプットを通じて、6つの資本に与える影響（資本の増減） ・あるいは、ステークホルダーに対して生み出す価値

15

事業ポートフォリオマネジメント
各事業を俯瞰して企業のビジョンや持続的成長を実現するための取組み

◆**事業ポートフォリオと事業ポートフォリオマネジメント**

　事業ポートフォリオとは、企業としてどのような事業を手掛けるのかと、それらの事業の投資や利益の構成を指す概念である。そして事業ポートフォリオマネジメントとは、企業のビジョンや持続的な成長を実現するために事業ポートフォリオの構成を設計し、組み替えていく一連のプロセスをいう。

　一般に、多角化している企業や、複数の国・地域で事業を営む企業では、事業ポートフォリオマネジメントは必須である。個別の事業は、事業のライフサイクルに沿っていずれ成長が鈍化・成熟し、事業によっては衰退する。これに対して、複数のライフサイクルの異なる段階にある事業を組み合わせることで、グループ企業全体の成長性と収益性（資本効率性）を持続させることが事業ポートフォリオを作る目的となる。

◆**事業ポートフォリオの可視化**

　事業ポートフォリオの全体観を評価する際には、「投資（あるいは成長）」と「リターン」を表現する2つの軸で可視化することが多い。よく用いられるのは、横軸にROIC（投下資本利益率）などの資本効率性を、縦軸に市場の成長性などを取るマトリクス図である（図表15-1）。

　第5章で解説するPPM（プロダクト・ポートフォリオ・マネジメント；166ページ）のフレームワークでは横軸を相対市場シェアとするが、これも「経験効果が作用することを前提とすれば、相対市場シェアが高い事業はキャッシュインフローが大きい（＝収益性が高い）はずである」という仮定に基づくものであるので、本質的には同じことを表現しようとしている。

　いずれにせよ、このようなマトリクス図に各事業をプロットしたうえで、例えば「"成長は見込みがたいが安定して利益を稼いでくれる事業"と"今はまだ利益貢献していないが成長性が高く次世代の中核事業になる可能性がある事業（群）"をバランスよく持てているか？」という視点でポートフォリオの健全性をチェックしながら、どの事業にどれだけ投資を割り当

図表15-1　事業ポートフォリオの可視化

①事業ポートフォリオの可視化の例

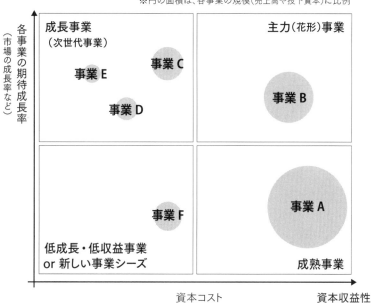

②バランスの悪いポートフォリオの例

- 成長性と収益性（資本効率性）の低い事業が放置されている（左下）

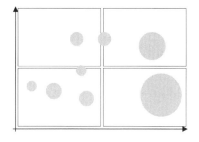

- 主力事業は高収益だが市場が縮小しており、将来の中核事業になりうる事業が育っていない

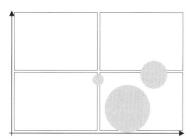

てるべきか、場合によっては新しい事業を生み出したり、外部から獲得したりするべきかどうかを検討する。

◆事業ポートフォリオマネジメントのサイクル

　事業ポートフォリオマネジメントは、将来のポートフォリオの全体像や個々の事業の将来像を描いて資源配分を決定（Plan）し、投資や撤退などを実行（Do）して、それらのパフォーマンスを評価・モニタリング（Check）し、その結果を踏まえて追加的な対策をとる（Action）という、いわゆるPDCAのアクションに沿って推進すればよい（図表15-2①）。ただし、初めて事業ポートフォリオマネジメントに着手する際には、まず現在のポートフォリオの評価（Check）を実施して、各事業の立ち位置やポートフォリオ全体のバランスをみて資源配分の計画を立てる必要がある。

　実際にこれを推進するには、投資・撤退などの大きな意思決定は中期経営計画策定のタイミングなどで実行プランを立て、一方で単年度の資本効率性や改善に向けたアクションの進捗は少なくとも年次でチェックし、改善していくというようにメリハリをつけるとよいだろう。

　ポイントは、一度評価・計画立案するだけで終えずに毎年評価して改善することと、定期的（例えば3年ごとなど）にポートフォリオ全体のレビューを行い、目指す将来像を再検討することである。

◆経営企画部が主導して行うべき理由

　事業ポートフォリオマネジメントは、経営企画部にとって最も重要な役割の1つである。なぜならば、個々の事業のビジョン策定や戦略策定、事業管理といった業務は各事業部門の責任として実施できるが、事業ポートフォリオマネジメントは全社にかかわる業務のため、個々の事業の責任者・担当者にはできない仕事だからである。

　そして、事業ポートフォリオマネジメントは、「全社の視点で限られた資金や人的資本をどの事業にどれだけ割り当てるか」が論点となる。事業の将来性や財務パフォーマンスによっては、事業を売却したり、撤退したりすることも検討しなければならない。個々の事業の責任者の立場で、「自分が担当している事業は将来性がないからやめるか他社に売ってしまうべきだ」というような決定をすることは難しい（そのため、事業の責任者が集まるような会議体でポートフォリオの議論をすると、まずうまくいかない）。

50

しかも、ポートフォリオの評価や戦略立案においては、事業戦略の視点と財務戦略の視点の両方が必要になるため、双方を兼ね備えたチームが必要になる（図表15-2②）。

　したがって、事業ポートフォリオの管理や戦略策定にあたっては、自社の各事業を俯瞰して、客観的・専門的な立場で、評価・分析や意思決定ができる経営企画部が主導して行うべきである。

図表 15-2　PDCA サイクルによる運用と評価視点

①事業ポートフォリオマネジメントのサイクル

Plan	Do	Check	Action
ポートフォリオの将来像を描き、各事業の基本方針（拡大か、効率化か、等）を定め、どの事業にどれだけ投資するかの計画を立てる	基本方針に沿って、投資や撤退などを実行する	ROIC（投下資本利益率）や売上の成長性、シェアの変化といったパフォーマンスを定期的にモニタリングする	モニタリングの結果を踏まえて、事業戦略や施策を見直す

②事業戦略の視点と財務戦略の視点

事業戦略視点でのアプローチ	●事業戦略（事業部門長）などの視点から事業性を評価し、重点領域を特定する ●中長期に創出される営業キャッシュフローの目標と、実現のために投下する投資キャッシュフローを明確にする
経営の意思決定	●双方の視点をぶつけて目標水準・投資額の設定と配分を議論、確定する ●議論した内容をもとに、改めて経営企画内で議論し、投資家目線での検証を行う
財務戦略視点でのアプローチ	●資本コストから全社のハードルレート*を設定し、投下資本効率と比較する（ハードルレートを下回る事業について問題提起） ●目標とする企業価値水準に必要なフリーキャッシュフローの水準を明確にする

＊ハードルレート：投資判断における必要最低減の利回り

16 中期経営計画の策定と管理

長期ビジョン達成の戦略を行動計画や数値計画にしてその進捗を管理

◆**中期経営計画策定3つの目的**

中期経営計画（中計）は、長期ビジョンとそれを達成するための戦略を、具体的なアクション（行動）や数値に落とし込んだ計画であり、3年間ないし5年間程度をその期間に設定することが多い。そして、その策定の目的は大きく3つある。

◎**将来像であるビジョンやそこに至る企業全体の戦略を、企業の個別部門や個人のアクションと紐づけて示す**

ビジョンや経営戦略の主語は一般に「当社」であるが、それだけでは企業の各部門や個人がその実現のために何をすればよいのかを説明できない。

そこで、3年後など中期的なゴールを置いて、そこに至るための部門のアクションプランを描くことで社員が次に何をするかを明確に示し、具体的な行動につなげることができる。

◎**ビジョンの達成に向けて、戦略が順調に実行されているのか、あるいはそもそも戦略が適切であったのかをモニタリングし、検証する**

中計では、売上・利益やシェアなどの定量的な数値目標を作り、さらにそれを具体的なKPIに分解し、部門やアクションと紐づけて管理する。

数値目標を達成できなかった際には、どのKPIが前提を下回ったのか、そのためのアクションが行われたのか、効果があったのか、などを確認していくことで、進捗や戦略の妥当性を検証することができる。

◎**企業の成長ストーリーやそのためのアクションを、投資家・金融機関などの資金提供者や従業員などのステークホルダーに向けて説明する**

経営企画部として中計を取りまとめる際には、「読み手は誰か」「読み手は何に関心があるのか」「何を期待しているのか」を意識しながら策定する。

社内向けにどのようなものを作り、それをどの程度の詳細さで外部に公表するかを検討するのも、経営企画部の役割である。

◆**中期経営計画の構成例**

中計の構成に決まったルールはないが、一般的には

図表 16-1　中期経営計画の位置付けと策定目的

①中期経営計画の位置付け

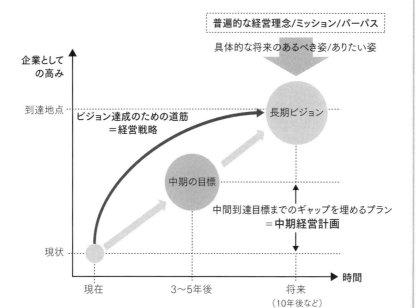

②中計策定の主な目的

ビジョン・経営戦略の組織・個人のアクションへの落とし込み	●抽象的なビジョン・経営戦略を具体化して、組織や個人の具体的な目標やアクションプランに落とし込む
課題とその対策の進捗管理・検証	●課題解決までの施策や、それに関連するKPIを定めておくことで、施策の進捗や効果をモニタリングする ●また、想定したとおりに施策の効果が出ているかを確認することで、戦略や施策の妥当性を検証し、軌道修正する
投資家やステークホルダーとの対話	●自社の向かう方向性や戦略と具体的なアクション、その成果を投資家やステークホルダーに向けて説明する ●開示した内容に対して投資家やステークホルダーからのフィードバックを受け、さらに良い戦略の構築につなげる

①ミッション・パーパスと長期ビジョン

②事業環境や自社の課題といった現状認識

③中期の到達目標地点やそこに至るために解決すべき課題

④事業・各部門のアクションプラン（あるいは課題に対する行動計画）

⑤定量目標とKPI

などの項目が考えられる。なお、④については社内向けには各事業部の行動計画とその目標を詳細に記載するが、外部に開示する際には抽象化したり、具体的な行動計画を省略したりすることが多い。

　もっとも、公表する中計の構成やストーリーラインは、想定する読み手や強調したいメッセージによって変化させる必要がある。

◆策定・実行のステップと経営企画部の役割

　中計の策定と実行は、一般に以下の4つのステップで進行する。

　［ステップ1］現状分析

　各事業のパフォーマンス（売上・利益やシェア）や外部環境、自社の強み・弱みを客観的な視点で分析・整理する。経営企画部は、分析に必要な情報を社内外から収集し、客観的な視点で分析を行うことが求められる（近年では、投資家やステークホルダーの要望・要請を整理し、中計で目指すべきゴールや各部の課題に落とし込むことも経営企画部の重要な役割になっている）。

　［ステップ2］全社および事業の戦略策定

　中期でどのような企業の姿（定量パフォーマンスやビジネスモデル、ポートフォリオ、またそれ以外の組織の状態等）を目指すのか、そこに向けてどのような課題に取り組むのか、といった中計の骨子を構築する。

　［ステップ3］事業・部門別の行動計画や数値計画の策定

　各部門の責任者が中心となって、自部門の具体的なプランを策定する。経営企画部は、各部の検討のガイドとなると同時に、立てられたプランが戦略と整合しているか、適度にチャレンジングかつ実現可能なものか、KPIが適切か、といった視点で、各部の計画を確認しながらアドバイスや内容の修正を行う。

　［ステップ4］各部における実行と進捗のモニタリング

　このフェーズでの経営企画部の役割は、中計の達成に向けて、アクションの進捗や課題をチェックしながら、適宜計画の見直しや各部門のサポートを行うことである。

図表 16-2　中期経営計画の構成と策定ステップ

①中計の構成例

項目	概要
ミッション・パーパスと長期ビジョン	● 中計策定の前提となっている、当社のミッション・パーパスやビジョンを示す
事業環境に関する認識	● 中計の検討にあたって考慮すべき、事業環境（市場のトレンドや競争環境など）や自社の強み、課題などの認識を整理する
中期到達目標と戦略課題	● 中期（3〜5年後）の目標（特に重要な定量目標、市場におけるポジション、ポートフォリオやビジネスモデル、その他企業のあるべき姿）を示す ● 目標地点に到達するための、全社的な課題（ギャップ）やその課題への取組みの大方針を示す
アクションプラン（行動計画）	● 戦略課題別、あるいは事業・部門別などの3年間のアクションプラン（行動計画）を示す
定量目標とKPI	● アクションプランと連動した、具体的な数値計画と目標値、それらをブレークダウンした組織のKPIを示す

②中計策定・管理の基本ステップ

	現状分析	戦略策定	行動計画・数値計画の策定	実行とモニタリング
主な実施事項	● 現状の事業のパフォーマンスや事業環境の整理 ● 当社の強み・弱みや顕在化している課題の整理	● ビジョンとそれに至る長期の戦略を踏まえた、中期の目標地点とその達成のための重要課題の定義	● 事業別・部門別の具体的な行動計画の策定 ● 投資計画の策定、それを踏まえた財務諸表のシミュレーション	● 中計に沿った施策推進 ● 定期的な進捗レビューや課題整理、計画のローリング（見直し）
経営企画部の役割	● 投資家やステークホルダーの要望・要請の整理 ● 客観的な視点での現状分析	● 客観的な視点での全社や各事業の目標のガイド設定や課題の整理 ● 経営陣の方針・意見の明文化・ドキュメンテーション（記録）	● 事業部・部門の計画策定のサポートや、作成した計画のレビュー ● 全社の計画・戦略と整合させるための全体調整	● 各部の計画の進捗確認・課題整理 ● 必要に応じ、課題解決のサポート

◆中計を進める2つのアプローチ

　中期経営計画を策定する際には、各ステップを誰が中心となって進めるのかがポイントとなる。この検討体制やステップの設計、そして関係各所間の調整を図るのも、経営企画部の重要な役割である。考え方としては、大きくトップダウン型とボトムアップ型の2つのアプローチがある。

　①ボトムアップ型：個々の事業部や部門の責任者が主導して、目指す姿や戦略・アクションを考える進め方である。また、ジュニアボードと呼ばれる、次世代の経営陣候補の中堅層が中心となって中計を策定することもある。ボトムアップ型は、参加者の当事者意識を醸成し、また個人の成長にもつながる一方で、総花的な中計になりやすく、また変革型の中計は作りにくいというデメリットがある。

　②トップダウン型：経営陣や経営企画部が主導して策定を進める方法である。変革型の中計や、社外のステークホルダーの要請（企業価値の向上など）を適切に反映した中計が作りやすい一方で、課題意識や施策が現場の意識と乖離していたり、各事業部に浸透しなかったりと画餅に帰しやすい。

　経営企画部としては、これら2つのアプローチのメリット・デメリットを念頭に置きながら、各ステップを誰が検討するかを設計する。

　近年では、企業価値向上への投資家の要請が強まったことでポートフォリオ変革や組織風土改革のために経営陣のリーダーシップが求められるようになり、現状分析や全社の戦略策定は経営陣や経営企画部が主導し、部門別の課題設定や計画策定は各事業部で行う企業が増えている。

◆進捗管理とローリング

　策定した中計を画餅に帰さないためには、課題解決のための取組みが進んでいるか、KPIを達成できているかを定期的に確認する。

　例えば、経営企画部が主導して、月次・四半期・年次といったタイミングで主要施策やKPIのチェックを行い、進捗が遅れていれば事業部の責任者に改善要請を出したり、場合によっては経営企画部自ら解決に向けて動いたりすることが求められる。

　外部環境に大きな変化があったり、課題の進捗が遅れていたりする場合は中計を見直し、課題の優先度やアクション、数値計画を修正（ローリング）する。

図表 16-3　中期経営計画の進捗管理

● トップダウン型 / ボトムアップ型のアプローチ

	トップダウン型アプローチ	ボトムアップ型アプローチ
	経営トップ/経営陣や、そのサポートとしての経営企画部が主体となって検討する	事業や各部門の責任者、あるいはジュニアボードなどの選抜メンバーが中心となって検討する
メリット	● 一貫性のとれた戦略ができる ● チャレンジングで変革につながる戦略を描きやすい ● トップが実行にコミットする戦略ができる	● 現場の課題や実際のビジネスに合った戦略・施策を検討できる ● 検討に参加した責任者の当事者意識の醸成につながり、実行に移しやすい ● 参加した社員の成長につながる
デメリット	● 現場の課題や実感と乖離した中計になってしまうことがある ● 推進の責任者が自分事と感じず、実行に移されないことがある	● 現状延長で、変革やチャレンジのない計画になりやすい ● 総花的な計画、あるいは個別最適で一貫性のない計画になりやすい

自社の組織風土や次期中計の狙いに合わせて、
適切な検討体制を構築することが必要⇒経営企画部の役割

検討体制の例

現状分析	戦略策定	行動計画・数値計画の策定	実行とモニタリング
客観的・批判的な検討を行うために、コンサルティング会社をアサインしてサポートを受けつつ、経営企画部が中心となって課題を整理	課題を踏まえて、経営陣（社長や取締役）が中心となって、中期の到達目標と課題を整理＝トップダウン	到達目標や戦略課題を踏まえて、事業部の責任者・実務担当者が、課題や具体的な計画を策定＝ボトムアップ 経営企画部が検討全体をマネジメント	各部門で中計を推進し、経営企画部がその進捗をレビュー

17

KGI・KPI の設定と管理
重要目標達成指標の KGI と重要業績評価指標の KPI

◆KGI と KPI の設定

　KGI（Key Goal Indicator；重要目標達成指標）とは、組織の最終的な目標を測る数値による指標である。基本的には、ビジョンや中期経営計画で掲げた、売上や利益などの目標が該当する。そして、KPI（Key Performance Indicator；重要業績評価指標）とは、KGIを達成するための活動やその進捗を表す指標や、その指標を達成することがKGIの達成につながるような指標のうち、特に重要度の高いものを指す。

　ビジョンや中計で定量目標を定める際には、その定量目標をブレークダウンしてから、戦略上特に重要な指標を選んでKPIとする。例えば、図表17のように「営業利益」をKGIに設定した場合、その達成方法としては売上を高めるか、粗利率を高めるか、あるいは経費（販売費および一般管理費など）を抑えるか、などが考えられる。KGIをいくつかの指標に分解して、どの指標を、どのように高めるのかを考えることで、より具体的な戦略を検討できるようになる。

　また、KPIを設定するときのポイントは、①KGIを網羅的にブレークダウンしたうえで、②戦略のストーリーに合わせて、特に重要な数個のKPIに絞り込むことである。実際の検討では、①はしっかり行うが、分解したすべての指標をKPIとして管理してしまうことがままある。

　しかし、それでは戦略のメリハリが効かず、総花的なアクションを取ってしまう。「Key（鍵）」となる指標なのだから、戦略のストーリーを踏まえて、真に重要な指標、具体的には、各事業や部門ごとに2〜3の指標に絞って設定するのが望ましい。

◆KPI のマネジメント

　設定したKPIは、日次・月次・四半期・年次など、指標ごとに頻度を決め、定期的にモニタリングする。

　仮に、KGI（図表17だと営業利益）が達成できていない場合、そもそもアクション（新規提案）が行われていないせいなのか、アクションは行って

いるが思ったようにKPI（新規顧客向け売上高）につながっていないせいなのか、あるいはKPIは改善したが他の指標が悪化したせいなのかなどを分析して対策を講じる。

このように、KGIを分解してKPIを設定することで、戦略の遂行を促すだけでなく、KGIの達成/未達の要因を把握することもできる。

図表17　KGI・KPIの設計例

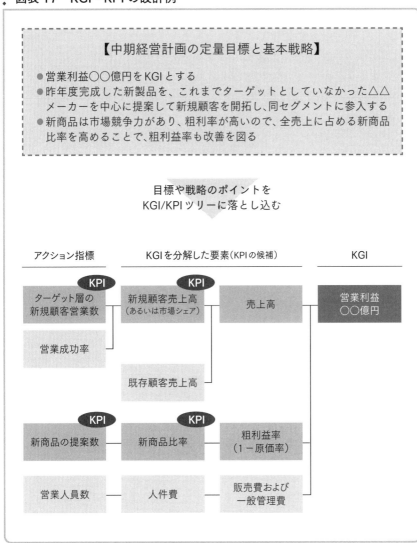

18

予算の編成と管理
中期経営計画遂行の連動性を図るために経理・財務部門と協同する

◆予算の役割と経営企画部門の関わり

　予算は、会社の計数目標を達成するために収支・投資・資金に関する数値計画を定め（「予算編成」という）、組織ごとにその数値に責任を持ち、活動を統制・管理していくためのものである。基本的には予算は年度単位で編成され、四半期や月次で進捗の管理が行われる。

　予算編成・管理は経理部門や財務部門を中心にして行われるケースが多いが、中期経営計画との連動性を図っていく観点から、経営企画部門がその編成や管理に関与していることも多い。

　むしろ、ここがしっかり連動していないと、せっかく策定した中期経営目標は意識されずに年度の予算ばかりに目が行き、結果として会社が中期的に目指す姿に一向に近づかない、というのはよくある話である。

◆予算編成方針と予算の編成

　中期経営計画に基づく当年度の目標水準を踏まえて、経営トップおよび経理財務部門によって予算編成方針が策定される。予算編成方針には、基本的な経営環境・事業環境の見立て、利益等の全社レベルの目標、予算編成のガイドラインと編成時のポイント（例：「中期経営計画で掲げた〇〇実現に向けた積極的な営業強化を計画すること」「従業員の待遇改善や昨今のインフレ動向を織り込むこと」など）が含まれる。

　各責任部署は、予算編成方針に基づいて予算を策定し、各部の予算を集計した結果、編成方針と照らして乖離があれば各部署に修正を求める。最終的には会議体で承認され、予算が確定するという流れが一般的である。

◆予算管理

　策定された予算に従って、各責任部署はその達成・執行状況を月次ベースで確認し、予算と実績の差異を把握する。差異が大きいものについては、その理由を経営会議等に対して報告する。利益へのインパクトが大きい重大な乖離が発生した場合には対策を検討するとともに、必要に応じて修正

予算を編成することもある。

また、上場企業の場合には、予算の執行状況を踏まえた通期の業績予想を行う必要があり、この数字が当初公表している業績予想と大きく乖離する場合には、業績予想の修正開示が必要となる。

図表18　予算編成～管理の流れ

予算編成方針（経営トップ・経理財務部門）
- 事業環境認識
- 全社レベルの利益目標・その他主要項目の計画値
- 予算編成のガイドライン・ポイント

予算編成（各部門）
- ガイドラインに沿って各部門の所管する（各部門が責任を持つ）部分の予算案を立案

損益予算	・売上、原価、販管費、営業利益　等
投資予算	・設備投資、投融資　等
資金予算	・資金繰り、資金運用　等

- 各部積み上げ予算を検証し、必要に応じて見直しのうえ、確定

予算管理
- 月次の実績と予算を比較し、その差異の原因を分析
- 予算と実績の重要な乖離（差異）がある場合には、対策を検討し、必要に応じて予算を修正

第2章　ビジョン・戦略の策定と進捗管理

19

人的資本経営の推進
持続的な企業価値向上に向けては、「人」が競争力の源泉になる

◆人的資本経営とは

　人的資本経営とは、人材を「資本」として捉え、その価値を最大限に引き出すことで中長期的な企業価値の向上につなげる経営のあり方である。2020年に『人材版伊藤レポート』（経済産業省）において提唱され、2023年3月期決算から上場企業を対象に人的資本の情報開示が義務化されたことを受け、広く普及しはじめた。

　企業価値向上における無形資産の役割が増大するなかで、改めて持続的な企業価値向上に向けては、「人」が競争力の源泉になるという考え方が打ち出されており、人的資本経営を実現するためのフレームワークとして、次の3つの視点と5つの共有要素が提示されている。

◎3つの視点
　①　経営戦略と人材戦略の連動
　②　As is – To be ギャップの定量把握
　③　企業文化への定着

◎5つの共通要素
　①　動的な人材ポートフォリオ
　②　知・経験のＤ＆Ｉ
　③　リスキル・学び直し（デジタル、創造性等）
　④　従業員エンゲージメント
　⑤　時間や場所にとらわれない働き方

◆経営戦略と連動した人材戦略の実践

　人的資本経営を推進するうえで最初の出発点となるのが、経営戦略と人材戦略の連動である。

　VUCAの時代において、多くの企業が経営戦略の中に新たなビジネスモデルや新規事業、経営基盤のトランスフォーメーションなど、非連続な

変化を取り入れはじめているが、そのプロセスにおいて過去の安定的な経営環境を前提とした人材戦略との間に隔たりが発生し、「戦略上必要な人材が確保されず経営戦略が遂行されない」という事態に陥る懸念がある。経営戦略と人材戦略の間で、必要な人材像やその数、そして時間軸が擦り合わないという事象が発生するということだ。

このような現状を鑑み、『人材版伊藤レポート』では、これからの人材戦略は「経営理念や経営戦略・事業戦略の遂行にとって必要な人材を"柔軟に"確保育成する」ことに重きを置くべきだと提言している。

では、経営戦略と人材戦略の連動をどう進めるべきか。

そのカギとなるのが、『人材版伊藤レポート』でも謳われている「経営戦略における達成すべき目標の明確化」と「経営戦略上重要な人材アジェンダの特定」、そして「目指すべき将来の姿（To be）に関する定量的なKPIの設定」である。

ゴールを明確にし、その実現のために必要な人材アジェンダを特定し、定量的なKPIを設定するという極めて基本的なことではあるが、実際に取

図表 19-1　経営戦略と人材戦略の連動

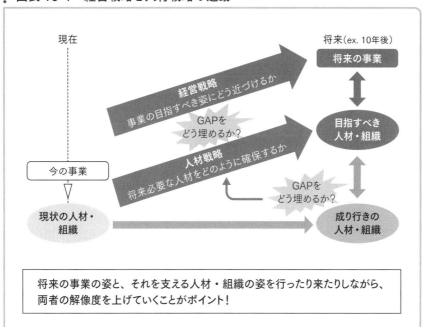

り組んでみると簡単にはいかないというのが現実である。それは、経営戦略と人材戦略の連動が経営戦略から人材戦略へと一方向で実現するものではなく、双方向に行ったり来たりしながら解像度が上がっていくものだからである。

そのため、経営戦略を策定する際には、経営企画部門が中心となりながらも、人事部門そして事業部門とのしっかりとしたコミュニケーションを通じて、経営戦略の中にそれを実現するための人材戦略の骨子も組み込まれている形にすることが重要となる。

◆人的資本経営を推進するプロアクティブ人材

人的資本経営を推進するうえでもう1つ重要な視点が、働き手が主体的に行動してキャリア開発する「プロアクティブ化」である。『人材版伊藤レポート』において、5つの共通要素の中に「リスキル・学び直し」や「時間や場所にとらわれない働き方」が挙げられていることからわかるように、多様な個人が自律的にキャリアを選び取っていくことが想定されている。

また、企業経営の観点からも受け身ではなく、自律的に自らの頭で考えて行動する人材の必要性は人事ポリシーや行動指針、またはMVV（ミッション、ビジョン、バリュー）におけるバリュー（行動指針）など、さまざまな形で訴求されている。

これらの自律的な人材の行動は、プロアクティブ行動（proactive behavior）と捉えることができる。プロアクティブ行動は、2000年代に入ってから登場した概念であり、提唱者である組織心理学者アダム・グラントら研究者は「個人がとる自分自身や環境に影響を及ぼすような先見的な行動であり、未来志向で変革志向の行動」と定義している。

日本総研では、先行研究に立脚しつつ、日本の企業経営において利用可能なものとするため、プロアクティブ行動を「革新行動」「キャリア開発行動」「組織内ネットワーク構築行動」「外部ネットワーク探索行動」の4つの行動からなる構成概念として改めて定義した。

約2万人の労働者を対象とした日本総研の調査から、これら4つの行動を通じて、個人のプロアクティブ行動、そしてチームのプロアクティブ行動を高めていくことが、組織パフォーマンスを高める可能性があることが明らかになっている。冒頭、人的資本経営とは人材を「資本」として捉え、

その価値を最大限に引き出すことで中長期的な企業価値向上につなげる経営のあり方であると述べたが、その人材がプロアクティブに行動することが人的資本経営を促進し、企業価値向上を実現していくのである。

図表 19-2　プロアクティブ人材の 4 つの行動

革新行動	自身および職場全体の仕事を捉え直してみたり、やり方や手続きなどを変えたりして、自身の仕事を巡る環境を変えようとする行動。**自身で仕事そのものを前向きに変える**行動
キャリア開発行動	**自身のキャリアを自身で描き**、その実現に必要なスキル・知識を社内外問わずに学習して身につけたり、仕事の幅を自ら広げようとする行動
組織内ネットワーク構築行動	職場の上司や同僚をはじめ、**組織内のさまざまな主体と良質な関係性を構築し、自ら関係者を巻き込みながら挑戦的な仕事を進める**行動
外部ネットワーク探索行動	自身の知見向上のために、自身が所属する会社以外の人と**積極的にネットワークを構築する**行動

組織パフォーマンスを高める

20 DX戦略の立案と推進

企業変革の方向性や事業戦略を踏まえ、情報システム部門任せにしない

◆DX戦略立案・推進のポイント

DX（デジタルトランスフォーメーション）推進といった場合に、ビジネスモデルの変革を伴う本来的な意味でのDXを進められている企業は必ずしも多くないのが実情である。その要因の1つが、企業変革の全体ストーリーや事業戦略を踏まえず、既存の情報システム部門任せになっていることが挙げられる。

そこで、経営戦略や経営トップの方針に精通している経営企画部門が旗振り役、あるいは仲介役となって、全社レベルのDXを推進していくことも選択肢となる。

◆DX推進のステップ

DX戦略の全体像や経営戦略・事業戦略との関係性を明確にしたうえで、一般的には4つのステップを踏み、DXを推進する。

［ステップ1］デジタイゼーション

これは、これまで紙で行っていた業務をペーパーレス化するなど、個別のアナログ作業や業務をデジタル化する活動である。

［ステップ2］デジタライゼーション

例えば、問い合わせから営業活動、受注までの一連の流れをすべてオンライン上でできるようにするなど、「特定のフロー全般のデジタル化」がこれにあたる。

［ステップ3］データドリブン経営

これは、ステップ1・2を通じて蓄積された情報を見える化して分析し、それをもとにアクションを起こす活動である。これまで見えてこなかった新たなニーズに対応した製品・サービスの開発などが例として挙げられる。

［ステップ4］ビジネスモデルの変革

例えば、売り切り型のビジネスモデルから、デジタル技術を活用して自社製品をリアルタイムでモニタリングしてさまざまなサービスを提案・提供するビジネスモデルに変革する、といったことである。

DXはあくまでビジネスモデルの変革や新たなビジネスの創出（ステップ4）を意味するが、基本的にはその前段の取組み（ステップ1〜3のすべて、またはその一部）が起点となる。

図表 20-1　DX の推進ステップ

[ステップ1] デジタイゼーション	個別のアナログ作業や個別業務のデジタル化 例：ペーパーレス化、電話対応のオンライン化
[ステップ2] デジタライゼーション	業務プロセス全体のデジタル化 例：営業〜受注〜顧客管理の活動全体のデジタル化
[ステップ3] データドリブン経営	デジタル化された鮮度の高い情報を活用した戦略的意思決定や新たな価値（製品・サービス）の創出 例：顧客の購買データをリアルタイムで参照し、営業現場で新サービスを提案
[ステップ4] ビジネスモデルの変革 ＝DX	デジタル技術とデータを活用したビジネスモデルの変革 例：実店舗とオンラインプラットフォームを融合させた新たなビジネスの展開

◆DXの推進組織

DXを推進していく組織としては、大きく「事業型」と「推進支援型」がある。

◎事業型

事業型は、独立した新組織（DX事業部門）または新会社（事業会社）を設置して、その組織が主体的にDX戦略を推進していくものである。特定組織ではなく、すべての事業部門が主体的にDXを推進していくという捉え方も事業型の一形態であり、最終的に目指すべきところである。

しかしながら、いきなり各事業部門が主体的にDXを進めるというケースは稀であり、基本的にはDX事業部門で推進した内容を徐々に横展開する形になる。そのため、少なくとも当初は、DX事業部門以外の部門ではなかなかDXが進まず、全社的な動きになりにくい。

◎推進支援型

推進支援型は、コーポレートの立場から各部門やグループ会社のDX推進をサポートする組織を設置する考え方である。このタイプでは、DX推進部門が横串を刺す形で各部門・各事業の変革を促しつつ、DXを推進していくことになる。あくまでDX戦略を推進するのは既存の各部門側となるため、全社的な機運の醸成と各部門の主体性が前提となる。

推進支援型は、全社レベルでステップ1（デジタイゼーション）、ステップ2（デジタライゼーション）、ステップ3（データドリブン経営）を進めていく際にも有用な組織形態である。

◆DXを推進する人材

DXの推進にあたっては、技術的な専門性を持った人材と、事業戦略とデジタル技術を組み合わせてビジネスをデザインする人材の双方が求められる。専門人材には「データサイエンティスト」「エンジニア／プログラマー」「UI/UXのデザイナー」などが含まれるが、これらの専門性をすべて企業内部の人材で充足することは難易度が高い。したがって、専門人材は外部調達（外注等）も活用するのが一般的である。

一方で、DXプロジェクトのマネジメントやビジネスをデザインする部分は、一定のデジタルリテラシーは必要であるものの、それ以上に経営陣や事業部門のトップとコミュニケーションを取り、戦略の実現をリードできる人材を充てることが重要である。

図表 20-2 DX推進組織の2つのタイプ

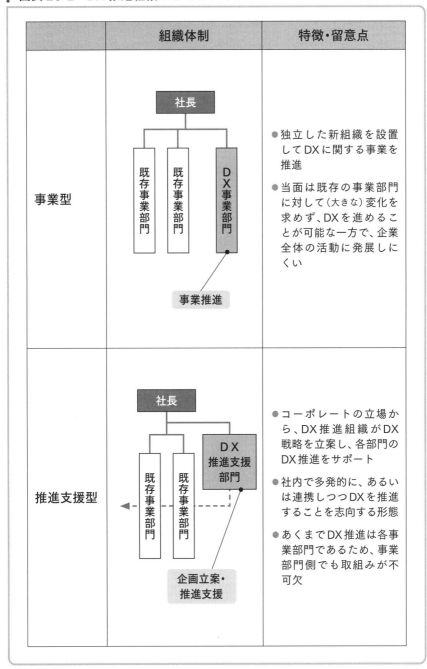

	組織体制	特徴・留意点
事業型		● 独立した新組織を設置してDXに関する事業を推進 ● 当面は既存の事業部門に対して（大きな）変化を求めず、DXを進めることが可能な一方で、企業全体の活動に発展しにくい
推進支援型		● コーポレートの立場から、DX推進組織がDX戦略を立案し、各部門のDX推進をサポート ● 社内で多発的に、あるいは連携しつつDXを推進することを志向する形態 ● あくまでDX推進は各事業部門であるため、事業部門側でも取組みが不可欠

21

グローバル戦略の立案と推進

全社戦略からの資源配分やグローバル展開の支援組織の構築等を検討

◆グローバル戦略立案の機能分担

　全社戦略との関係性を整理して資源配分をどうしていくのかという点や、グローバル展開を支える組織をどう構築するのか、という点などは、経営企画部門を中心に事業部門と対話しながら検討されることが多い。

　一方、全社方針を踏まえて実際に個別の事業戦略の一環でグローバル戦略を立案し、推進していくのは各事業部門の役割である。

◆全社戦略における位置付けの明確化

　企業成長の方向性としては、大きく分けて「個別事業の深耕」と「事業の多角化」（あるいはその双方）がある。グローバル展開は、基本的には個別事業の深耕の中のエリア拡張の1つの形態となる。

　外部環境と自社の強みを踏まえて、企業が成長を果たすための方策のうち、なぜグローバル展開を選択するのか、そこにどの程度の資源（人材や資金等）を割くのかなど、全社戦略の中での位置付けや優先度を明確にすることがグローバル戦略の推進と成功において必要不可欠である。

◆事業戦略上の論点

　事業戦略としてのグローバル展開は上述のとおり、基本的には既存製品・サービスを拡販していく中でのエリア戦略の1つである。

　主要な検討要素としては、「市場選択」と「ローカライゼーションの度合い」に分けられる。市場選択はエリアの市場成長率、文化的背景、カントリーリスクなどを踏まえて進出候補、投資候補となるエリア・国を明確にすることであり、ローカライゼーションの度合いは市場の特徴とターゲット顧客を踏まえて本国のビジネスモデルをそのまま展開するのか（標準化戦略）、あるいは製品・サービスやバリューチェーンを現地に合わせて修正するのか（ローカライゼーション戦略）ということである。

　デジタルデバイスや製薬など全世界でニーズが共通化しやすいものはグローバルで標準化された戦略を採用する企業が多い一方で、食料品やイン

フラ産業などニーズや産業構造が特殊なものはローカライゼーション戦略を採用する企業が多い。

図表 21-1　グローバル戦略の論点

市場(進出エリア)選択

◆進出候補エリア・進出予定エリアの調査

● 人口規模・成長率
● マーケットの特徴(消費者のニーズ、競合状況)
● 政治的・文化的背景、カントリーリスク　等

◆進出構想の策定・推進

● 経営計画と連動した展開構想の策定
● 個別市場の展開計画策定
● 立ち上げ準備

ローカライゼーションの度合い

◆標準化戦略

● 全世界で同じ製品やサービスを提供することで、規模の経済を追求し、コスト効率性を高める戦略
● グローバルでのブランド価値の統一化も図りやすい

◆ローカライゼーション戦略

● 各国の特徴、文化的背景や消費者の好みに合わせて、製品やサービス、マーケティング手法を本国とは変化させる戦略

◀ バランスを取って推進 ▶

第2章　ビジョン・戦略の策定と進捗管理

◆グローバル組織構造の構築

　グローバル展開の程度によって構築するべき組織は大きく異なる。事業部門が複数存在する場合には事業とエリアの両軸でのマネジメントが必要となり複雑化することから、ここでは単一（かつ一定程度のローカライゼーションが必要な）事業を営んでいる企業を想定して考えてみたい。

［ステップ1］現法（現地法人）設立

　自社の製品をそのまま輸出するような初期の段階では、販売拠点のみを海外に置き、本体にも特段の組織は設けない。関係会社管理部や経営企画部門の中の担当者が、計数管理や各本社機能との窓口としての役割を担うことが多い。この段階では業績責任を持つ組織は明確ではなく、関連する部門が緩やかに業績をウォッチしていることが一般的である。

［ステップ2］海外事業統括機能の明確化

　海外売上が徐々に増えてきて、展開エリアやそれぞれのエリアに置く機能（生産機能やローカライゼーションのための商品開発機能など）も増えてくると、それらをまとめて管理する海外事業統括組織が置かれる。海外事業統括組織は、複数の現法全体での業績責任を負っているケースが多い。また、各国の事務機能やリスク管理などのサポート機能を持っていることもある。

［ステップ3］エリア統括機能の明確化

　さらに展開エリアが増えて、海外事業の重要度が増してくると、単一の海外事業統括部門ではエリアごとの特性を踏まえたマネジメントが難しくなる。そこで、複数国をまとめてエリア統括機能（例：米州本部、アセアン本部など）を持ち、エリア統括部門が本国とも連携して、戦略遂行やリスク管理等をするようになる。エリア統括部門はそれ自体が独立した法人（地域統括会社）として存在していることもあれば、いずれかの中核となる現法の中の一組織として置かれるケースもある。

［ステップ4］GHQ×エリア統括

　グローバル化が進むと、最終的には本国でさえも一エリアとの位置付けのもとで、それら全体のマネジメントをグローバルヘッドクォーター（GHQ）が行う体制となる。本体の本社組織がGHQと本国の本社機能とに分化し、GHQはエリアポートフォリオのマネジメントやグローバルでの経営人材育成等の機能に特化していくことになる。

図表 21-2　グローバル組織体制イメージ

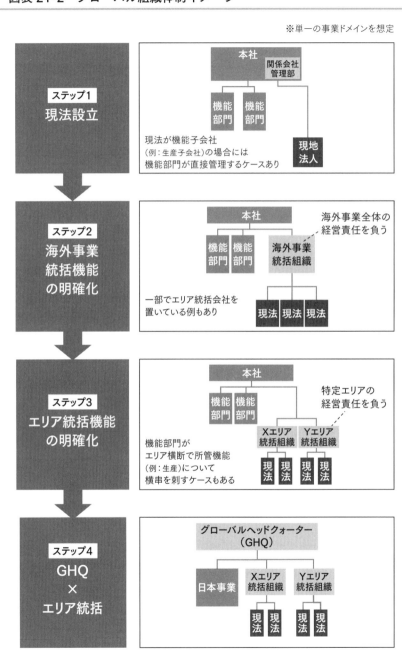

22 新規事業戦略の策定と支援

全社の中長期戦略の観点から推進体制、資源配分計画等の策定を支援

◆全社戦略の中での新規事業開発

　長期ビジョンの実現やポートフォリオの新陳代謝を維持するために、新規事業にどのように取り組むのか、その検討に人材や資金といった経営資源をどれだけ振り分けるのかを考えるのも、経営企画部の役割である。

　実際にどの部署が中心となって新規事業を推進するかは企業によってさまざまであり、経営企画部門が主導することもあれば、研究開発部門や新規事業専門の部署が担当することもある。

　いずれの場合でも、経営企画部は、全社の中長期的な戦略の観点から新規事業の戦略や推進体制、資源配分計画などを策定し、マネジメントしなければならない。図表22-1①のように、長期視点・全社視点でみた際に、どのように新規事業のストーリーを描くかがポイントとなる。

◆新規事業戦略の全体像

　新規事業開発の推進にあたっては、まず新規事業の目的や目標・要件、対象とするドメインなどを経営陣や経営企画部が中心となって定義する。

　特に、「何をもって新規事業と呼ぶのか」「どのような領域で新規事業を検討するのか」を明確にしないままで具体的なシーズの検討に入ると、検討が進んでから「この新規事業は当社のイメージに合わないから」と後出しで検討を中断したり、担当者の提案を却下したりすることになる。

　したがって、必ずしも新規事業の具体的な内容まで経営企画部で描く必要はないまでも、「何のために新規事業を作るのか」「どのような事業を開発したいのか」「それをどのような体制で検討するのか（特に、誰が事業シーズの継続・撤退等の意思決定をするのか）」といった、新規事業戦略の骨子は経営企画部で定める必要がある。

　例えば、図表22-1②で示すような論点については、経営企画部が経営陣と討議しながら取りまとめて、新規事業の推進部署や担当者に明確に説明する必要がある。

図表 22-1　全社戦略としての新規事業戦略

①新規事業開発を取り入れた全社ポートフォリオのマネジメント

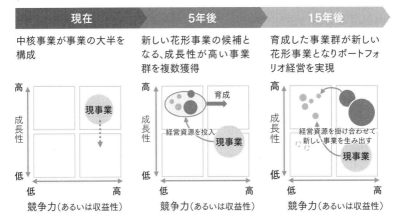

②新規事業戦略の構成例

	項目	論点・内容
1	目的	●何を目的とした新規事業開発の取組みなのか、経営戦略上どのような位置付けで事業開発に取り組むのか
2	目標と要件	●いつまでに、どの程度の規模の事業をいくつ生み出すことを目指すのか ●事業の要件・条件（規模・ビジネスモデル等）
3	新規事業ドメイン	●どのような領域で事業のアイデアを生み出すのか （市場・テーマ、技術、ビジネスモデル等の軸で定義）
4	創出方法 / 手法・開発プロセス	●どのようなアプローチで事業を開発するのか （自社開発、M&A、スタートアップ提携等） ●どのような推進プロセスを取るのか
5	創出方法 / 組織・体制	●事業開発を行う組織・体制 ●特に、事業開発プロセスのどのステップをどの部門が担うのか （各組織の責任・権限と併せて定義）
6	創出方法 / 人材	●事業開発に携わる人材の要件・人数、要員計画
7	KGI・KPI	●事業開発全体における売上・利益等のKGIと、アイデア数や実証実験数などのKPI

◆事業開発の基本ステップ

　事業開発は、1）シーズ創出→2）事業計画の策定→3）事業計画の検証→4）事業化、というステップで進むのが一般的である。M&Aなど外部のリソースを取り入れる場合でも、大枠としては同じステップで進む。

　図表22-2①では、シーズを創出してから事業化まで一方通行かつ一度きりのプロセスのように示されている。しかし実際には、この一連のステップは一定期間ごとに繰り返し行うことが重要であり、特に2）事業計画の策定と3）事業計画の検証は、何度も行ったり来たりを繰り返すことになる。

　通説的には、成功する新規事業は、一般に100個のうち3個から、1000個のうち3個程度といわれる。一度の検討プロセスではそれだけのシーズを考え出せないので、継続的にシーズ創出のための検討を行う必要がある。

　一方で、それだけのシーズすべての詳細な事業計画を作ったり、その検証を行ったりすることは困難である。そこで、まずは大量にシーズを考えたうえで、それらを簡易に評価して事業化の見込みが高いシーズに絞り込みながら、残ったシーズについては次第に1シーズあたりに投下するリソースを増やしていく。そして、4）事業化のフェーズに入った事業については一気に経営資源を投入して、短期間で事業を立ち上げていく。

◆事業開発のプロセスにおける経営企画部の関与

　経営企画部の主な役割は、新規事業の戦略策定や組織設計のほかに、リソースの割り当てや新規事業全体のパイプライン（シーズ創出から事業化までの一連の流れ）の管理、事業化した際の受け皿づくり（個別に事業部を立ち上げるか、既存の事業部に引き継ぐか、子会社として一定独立させるか等）などがある。

　このうち特に重要なのは、新規事業のパイプラインの管理である。図表22-2②のように、事業シーズを事業化に至るまでのいくつかのフェーズに分けたとき、各フェーズに控えているシーズの数を適正なバランスに維持する必要がある。そのためには、絶えず「新しい事業シーズ」を生み出しながら、「有望でない事業シーズ」の検討をやめていく。このどちらかが適切に行われないと、見込みのないシーズがパイプラインの中にとどまり続け、無駄な検討にお金と人材を割き続けることになってしまう。

　特に、新規事業の撤退の判断は、新規事業の担当者自身では行いにくい。事業開発をサポートしつつも、冷静な目で各事業の有望度を評価し、見込みがなければきっぱりとやめさせるような姿勢が経営企画部の仕事になる。

図表 22-2　新規事業戦略の立案と推進②（見開き2頁目）

① 事業開発の基本ステップ

検討の ステップ	1)シーズ創出	2)事業計画の策定	3)事業計画の検証	4)事業化
	● 新規事業を検討するにあたり、推進したい事業のアイデアやもととなる技術といった、新規事業のシーズ（種）の案を作る	● 対象とする顧客や提供価値、ビジネスモデルなどをデザインし、より具体的な事業計画にする ● 市場規模や想定売上・利益などを概算し、検討を続けるか判断する	● テストマーケティングなどを行い、市場性、成長性、実現可能性（あるいは方法）、競争優位性などを検証する ● 検証結果を踏まえて、事業計画をブラッシュアップする	● 事業化の可能性が高いアイデアについて、体制を構築し、事業化する ● 自社で事業化するだけでなく、JVの設立やM&Aなども駆使し、最短で確実に立ち上げる

リソース投入イメージ

検討するシーズ数

1つのシーズにかけるコストと時間

② 事業開発のパイプライン

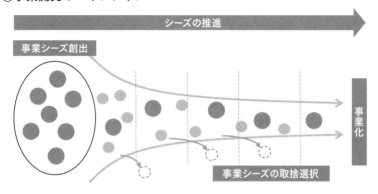

23

経営会議体の運営

経営レベルでの重要な事案の審議・決定をサポート

◆経営会議体設置の背景

　企業が立ち上がって間もない頃には、重要な意思決定はすべて社長や取締役会（特に重要な事項は株主総会）にて行われるため、その他の意思決定、審議、報告のための会議体は必要とならない。

　しかしながら、企業規模が大きくなり、経営レベルでの意思決定や報告事項も多岐にわたるようになると、すべてを社長や取締役会で決めるのは難しくなってくる。

　加えて、近年は上場企業を中心に取締役会のモニタリング機能強化が求められるようになっており、そもそも個別の業務執行に関する事項は執行側で決定する形となっている企業も多い。

　そこで、そうした経営レベルでの重要な事案を審議・決定したり、各執行責任者から個別の業務執行状況の報告を受けたりする会議体として、経営会議（実際の名称は企業によってさまざま）が置かれる。

　こうした経営会議体では経営企画部は資料作成や事務局等で関与する。

◆経営会議３つのタイプ

　経営会議のタイプには、その目的と参加メンバーの幅によって大きく３種類程度がある。

　①参加メンバーを絞って、経営会議を意思決定の場や実質的な協議の場として位置付ける会議体

　「常務会」や「経営戦略会議」などと呼ばれることもあるが、ここでは社内取締役を中心とした数名のメンバーで取締役会に付議する事案やその他重要な経営方針等を執行部門として審議・決定する。

　②執行役員クラス全員（会社によっては部長クラス）が参加する、業績等の情報共有の場としての位置付けを強めた会議体

　このパターンであっても重要な意思決定を行う機能を有する場合もあるが、人数も多く、実質的な議論はなされないことが多い。「執行役員会議」と呼ばれるケースもある。

③業績等の情報共有を目的とした②の会議をグループ全体に拡張した会議体

「グループ経営会議」と呼ばれることも多く、グループ内各社の社長や経営陣など、グループ全体で経営に携わる者が広く参加して、グループレベルの課題や業績進捗状況の共有が行われる。グループ経営会議は意思決定の機能は有していないことが多い。

図表 23　経営会議・トップマネジメント会議のタイプ

	Type1	Type2	Type3
会議体の目的	重要方針審議・決定	情報共有＋意思決定	情報共有中心
参加者例	トップエグゼクティブ（CxO）・常勤取締役	執行役員以上	グループ各社の社長・経営陣
議題例	経営方針・重要な業務執行事項（大型投資、重要人事等）	業績の進捗部門別の課題・業務執行事項	グループ全体の経営概況・各社の業績進捗各社の課題
名称例	常務会・経営戦略会議	経営会議・執行役員会議	グループ経営会議

※上記はあくまで一般的な分類例であり、企業によって会議体の名称・役割・参加者は異なる

経営企画部コラム②

経営企画部員であることの
意外な強み

◆さまざまな関係者と接する仕事のメリット

　経営企画部員であることの強みとして皆さんはどういったことを思い浮かべるだろうか。「会社経営の根幹に関わることができる」「経営に必要な知識やスキル、経験を身につけることができる」「新規事業や組織改革など創造性豊かな業務に携わることができる」といったところだろうか。

　実際には地道で泥臭い仕事もあり、理想と現実のギャップもそれなりにあるのも事実だが、意外な強みとして、「経営企画部員は社内のあらゆる部署に顔を出しやすい」ということがある。

　例えば、社内の問題点や改善点、新たな取組み提案など、どのような部署に所属していても、働いていれば何らかの気づきや思いは少なからず抱くものだ。

　それが、自分が所属している部署で完結することであれば上席者に相談できるが、そうではない場合、業務時間中に他部署の社員も巻き込んで議論に時間を費やすことは憚られることになる。

　だが、経営企画部は他の部署に比べて役割の裁量幅が広いため、関係する部署や役職者に直接アプローチしての意見交換や教えを乞うなどの自由度・許容度が高いという特徴がある。部署や役職を問わず広く社員の意見を聞きとったり、自分の仮説をぶつけたりという建設的なコミュニケーションを自律的に創出できる部署というのが、経営企画部の強みの１つでもある。

　また、このようなコミュニケーションは社内に留まらず、グループ会社に対しても同様であるし、同業他社の経営企画部員との交流など社外との関係性においても成立する。

　当然ながら機密情報や倫理観の遵守が前提にはなるが、役割の自由度の高い経営企画部の実態部分についての情報交換のニーズは思いのほか多く、経営層との関係構築やプロジェクトの推進、社内会議の進行など、さまざまな観点で想像以上の気づきがある。

　経営企画部員として日々こなさなければならない目の前の業務対応にも追われるようであっても、社内社外を問わず、「経営企画部員」という肩書を活かした建設的な対話の場を自ら積極的に創っていくことをお勧めする。

第 3 章

経営基盤の強化と運用

24 コーポレートガバナンスの強化

持続的な成長と中長期的な企業価値の向上を果たす「攻めのガバナンス」

◆コーポレートガバナンスの定義

　2015年にコーポレートガバナンス・コードが策定されて以降、日本におけるコーポレートガバナンスへの注目度は年々高まっている。ガバナンスの語源は英語の「governance」に由来し、ラテン語の「gubernare」から派生している。ラテン語の原義は「統治する」「操縦する」という意味のため、ガバナンスとは本来、統治・統制・管理といった法律的・政治的な概念である。

　コーポレートガバナンスの定義は必ずしも確立されていないが、2021年6月に東京証券取引所が公表した改訂コーポレートガバナンス・コードでは、「会社が、株主をはじめ顧客・従業員・地域社会等の立場を踏まえたうえで、透明・公正かつ迅速・果断な意思決定を行うための仕組み」と定義されている。

◆日本におけるコーポレートガバナンス改革の変遷

　1990年代〜2000年代まで、コーポレートガバナンスの議論は主に法令順守（コンプライアンス）や内部統制に重きを置いたものであった。背景にはバブル崩壊後の不況に苦しむ日本企業において企業不祥事が相次いだため、いわゆる「守りのガバナンス」の仕組みが導入された。

　この流れが変わったのが、2014年に政府が公表した『「日本再興戦略」改訂2014』で、コーポレートガバナンス改革が中長期的な企業価値向上を目指すために必要な取組みと提言された。同年に金融庁が機関投資家の行動原則である『「責任ある機関投資家」の諸原則《日本版スチュワードシップ・コード》』を公表し、投資先である企業との建設的な対話を通じて、企業の持続的な成長を促すことと併せて、企業と投資家の関係性が見直しを迫られた時期となった。

　これらを契機に、「攻めのガバナンス」という言葉が定着し、2015年のコーポレートガバナンス・コード以降、二度の改訂とそれを実践するための実務指針が相次いで公表され、コーポレートガバナンス改革が進んでい

る。この改革は今後も続いていくと推察されるが、一貫しているのは、会社の取締役会と経営陣が、株主をはじめとするステークホルダーに対して、適切な情報開示と透明性の高い仕組みのもと、持続的な成長と中長期的な企業価値の向上を果たすことが責務だと捉えている点である。

図表 24　日本におけるコーポレートガバナンス改革の変遷

年	コードおよび実務指針	発行者
2014	日本再興戦略改訂 2014 －未来への挑戦－	内閣府
2014	スチュワードシップ・コード	金融庁
2015	コーポレートガバナンス・コード策定	東京証券取引所
2017	スチュワードシップ・コード改訂	金融庁
2018	コーポレートガバナンス・コード改訂	東京証券取引所
2018	投資家と企業の対話ガイドライン	金融庁
2019	グループ・ガバナンス・システムに関する実務指針	経済産業省
2020	スチュワードシップ・コード再改訂	金融庁
2020	事業再編実務指針	経済産業省
2020	社外取締役の在り方に関する実務指針	経済産業省
2021	コーポレートガバナンス・コード再改訂	東京証券取引所
2021	投資家と企業の対話ガイドライン改訂	金融庁
2022	コーポレート・ガバナンス・システムに関する実務指針	経済産業省
2022	指名委員会・報酬委員会及び後継者計画の活用に関する指針	経済産業省
2023	社外取締役向け研修・トレーニングの活用の8つのポイント	経済産業省
2023	社外取締役向けケーススタディ集	経済産業省
2024	社外取締役のことはじめ	経済産業省 金融庁 東京証券取引所

25

取締役会の高度化

持続的成長と企業価値向上のための攻めと守りのガバナンスの高度化

◆取締役会のあり方

　コーポレートガバナンス改革が進むなか、取締役会に対する期待も変化している。

　コーポレートガバナンス・コードの基本原則4には取締役等の責務として、「上場会社の取締役会は、株主に対する受託者責任・説明責任を踏まえ、会社の持続的成長と中長期的な企業価値の向上を促し、収益力・資本効率等の改善を図るべく、（1）企業戦略等の大きな方向性を示すこと、（2）経営陣幹部による適切なリスクテイクを支える環境整備を行うこと、（3）独立した客観的な立場から、経営陣（執行役及びいわゆる執行役員を含む）・取締役に対する実効性の高い監督を行うこと、をはじめとする役割・責務を適切に果たすべきである」と明記されている。

◆独立社外取締役のあり方

　このように取締役会の機能を高度化するにあたって、重要な役割を担うのが独立社外取締役である。コーポレートガバナンス・コード再改訂では、「プライム市場上場企業において、独立社外取締役を3分の1以上選任（必要な場合には、過半数の選任の検討を慫慂（しょうよう）)」と記載された。

　実際、東京証券取引所が2024年7月に発表した『東証上場会社における独立社外取締役の選任状況及び指名委員会・報酬委員会の設置状況』によると、2024年時点、プライム市場上場企業では、独立社外取締役を3分の1以上選任する割合が98％を占めており、過半数を選任する割合をみると20％、JPX日経400に限ると26％を占めている（図表25-1）。

　この事実を踏まえると、取締役会の位置付けは社内取締役が多数を占め、またその多くが執行も兼ねているマネジメント・ボードから、執行と監督を分離して、独立社外取締役を中心に監督に重きを置いた役割を担うモニタリング・ボードへと急速に移行が進んでいることがみてとれる。

図表 25-1　独立社外取締役選任企業の推移

●独立社外取締役を3分の1以上選任する上場会社(プライム市場)の推移

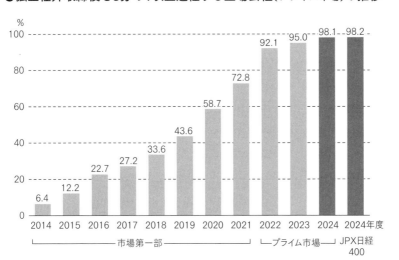

●独立社外取締役を過半数選任する上場会社(プライム市場)の推移

出所：日本取引所グループ『東証上場会社における独立社外取締役の選任状況及び指名委員会・報酬委員会の設置状況』

◆機関設計の選択肢

　この移行を後押しするのは、2014年の会社法改正に伴い、監査等委員会設置会社が導入されたためである。

　それまで機関設計の選択肢は、監査役会設置会社と委員会等設置会社（2014年の会社法で指名委員会等設置会社と改称）の2つであった。指名委員会等設置会社では、法定の指名委員会、報酬委員会、監査委員会が設置され、独立社外取締役が過半数を占める委員会が、社長にあたる代表執行役の選解任や処遇を決めることへの抵抗感から、大多数の上場会社が監査役設置会社を選択しているのが実態であった。

　これに対し、監査等委員会設置会社は、監査役会設置会社と指名委員会等設置会社の折衷に近い仕組みである。

　監査役会設置会社は、取締役会の中に社外取締役が過半数を占める監査等委員会を設置し、監査の役割を担うことになる。上場会社にとってメリットが大きいのは、指名委員会、報酬委員会が法定ではなく任意の位置付けで設置できること、海外投資家の存在感が増すなか、日本独自の仕組みである監査役会設置会社から監査等委員会設置会社に移行することでガバナンス強化を対外的に示せることにある。

　実際、監査等委員会設置会社は、定款変更と独立社外取締役が過半数を占めるといった条件を満たせば、経営における重要な業務執行の大部分を取締役に委任することができるため、執行と監督が分離したモニタリング・ボードへの移行にも寄与する。

　ここでいう重要な業務執行とは、①重要な財産の処分および譲受け、②多額な借財、③その他の重要な業務執行（例：新規事業の開始、大規模な設備投資、重要な契約の締結等）が該当する。

◆今後のガバナンスのあり方

　監査等委員会設置会社を選択する企業は増加し続けており、プライム市場上場企業においては44％を占めるに至っている（図表25-2②）。2015年の導入から10年あまりで急速に普及した。

　これに伴い、2015年時点では大勢を占めていた監査役会設置会社を選択する割合は51％まで低下している。この変化は、早晩、監査役会設置会社を選択している上場会社に対し、「なぜ、監査役会設置会社を選択しているのか？」「監査等委員会設置会社と比較して、現在の当社のガバナ

ンスが効いているのか？」という新しい問いを提示することになる。経営陣には、自社にとって最適なガバナンス体制は何かを追求していくことがこれまで以上に求められている。

図表 25-2　上場会社の機関設計

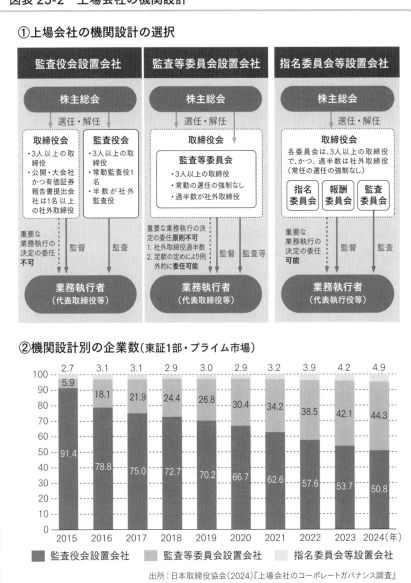

出所：日本取締役協会（2024）『上場会社のコーポレートガバナンス調査』

26

経営組織の構築
事業形態に合わせた最適な組織構造の選択

◆経営戦略を実現するための組織構造の変革

　毎期行われる定例的な組織改編は多くの場合、総務部門が所管している。一方で、数年に一度の経営戦略の転換点、例えば新たな事業領域に進出するなど、これまでの組織構造を大きく変える必要がある場合には経営企画部門がその設計を担うこともあることから、組織構造の基本的な考え方については押さえておくべきだろう。

◆機能別組織と事業別組織

　代表的な組織構造としては、「機能別組織」と「事業別組織」の2つが挙げられる。

　機能別組織とは、トップマネジメント（社長/CEO）の下の階層が開発、製造、販売などの機能別に分かれた組織構造のことをいう。最もオーソドックスな組織の形であり、多くの企業で採用されている。しかしながら、複数事業を展開するようになると、機能別組織のデメリットが目立つようになる。それは、機能別組織の長（開発部長、製造部長、営業部長など）の間の調整が難しくなり、外部環境変化に迅速に対応できなくなる、ということである。

　例えば、開発部長はα事業の製品開発に力を入れている一方で、営業部長はβ事業のてこ入れのために製品改良が必要だと思っていたとすると、両者間の意見調整がないかぎり、α事業もβ事業も事業として進むべき方向性を打ち出せなくなってしまうことになる。単一事業であってもこの種の調整は必要であるが、事業の数が増えるほど、この問題は顕著になる。

　そこで、事業を複数展開する企業では、事業別組織と呼ばれる組織構造を採用するケースが多い。事業別組織は、トップマネジメントの下の階層が特定の製品群、サービス群などの事業別に分かれた組織構造のことをいう。事業別組織は、1つの事業部門の中に開発、製造、営業といった事業に必要な機能を持つため、事業部長の意思決定のもと、その事業の環境変化に合わせた迅速な意思決定が可能になる。事業別組織のデメリットとし

ては、「資源の二重投資」が発生するということが挙げられる。複数事業部で同じような研究開発を行っている、同じクライアントに対して各事業部から別々に営業にいっている、などがこれに該当する。

こうしたデメリットを最小化するために、事業部制をとりつつも、一部機能を集約化した組織を設置する、といった手法を採用することがある。例えば、複数事業に共通する研究テーマは全社横断の基礎研究所を設置して実施する、といった具合である。

図表 26-1　機能別組織と事業別組織

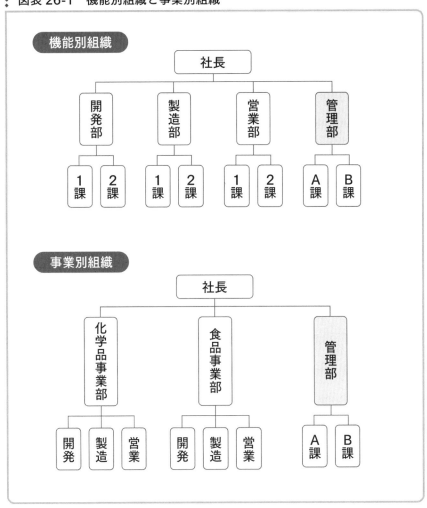

◆本社改革

　事業推進体制とあわせて、それを支える本社組織の見直しも重要なテーマとなる。本章や第4章で取り上げるとおり、経営企画部門、あるいは本社全体として取り組むべき経営課題は高度化・輻輳化している。

　その一方で、過去の景気悪化時に本社部門の人数は削減されているケースも多く、限られた人数で多様なテーマに対処しなければならなくなっている。また、特に本社部門では人に仕事がついているケース（いわゆる属人化）も散見されるところである。

　属人化を排除しつつ、こうした高度なテーマに対処するにあたっては、現在の組織を切り貼りするのではなく、本社の仕事を「機能」で捉え、機能ごとに強化・効率化方針を検討していくことが必要である。この「本社の機能」は、コーポレートセンター機能とサービスセンター機能に分けることができる。

　コーポレートセンター機能は企画・戦略策定機能、コントロール機能、社会的責任遂行機能に分けられ、企業価値向上のために（不足しているようであれば）強化が必要となる機能群である。また、当然事業部門の視点でも戦略企画・コントロールは行っているわけであり、本社部門と事業部門の役割分担についても検討する必要がある。

　サービスセンター機能は決算・法務相談などのプロフェッショナル機能と伝票処理・給与計算などのオペレーション機能に分けられ、これらはできるかぎり社内で集約化し、効率的に推進することが求められる機能群である。効率化の手法としては、集約化以外に外注化（BPO）、自動化・システム化などがある。

　それぞれの機能ごとに現状においてかけられている時間や課題を把握したうえで、本来はどのような機能をどの程度持つべきかという、あるべき本社の姿を描くことが重要である。あるべき本社の姿を設定した後に、その機能を担うべき本社組織の体制（どのような部・室・課の体制を組むか）の立案や、必要な要員をどのように確保・配置するかの計画を立てる、という検討の順番となる。

　経営企画部門には、本社組織の縦割りを排除し、コーポレート全体として経営参謀へ進化できるようにその変革をリードする役割が求められる。

図表 26-2　コーポレートセンター機能とサービスセンター機能

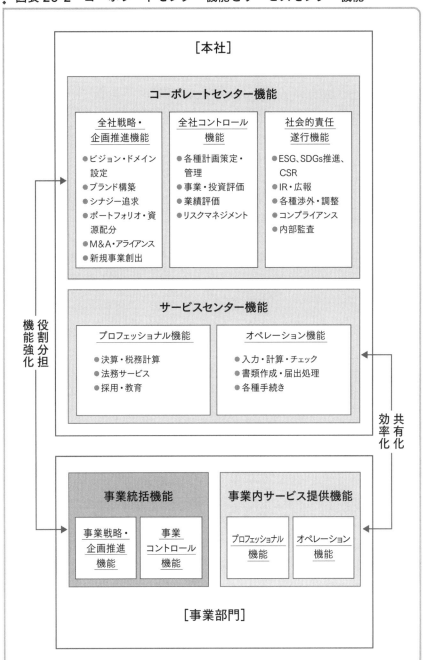

27 グループ経営体制の高度化
カンパニー制または法人格の再編によるグループ経営の強化

◆**事業多角化に伴うグループ経営の強化**

　グループ経営とは事業別組織の発展形、すなわちM&Aや事業の多角化によって事業会社の規模や数が増大した際にとるための経営手法である。

　事業会社が数社程度であれば単一の本社組織で経営を行うことも可能であるが、事業会社が増えてくるとそれぞれの事業領域にあったマネジメントが必要になると同時に、事業領域を横断的にマネジメントするためのグループ本社機能の強化も必要となる。

◆**グループ本社の強化**

　グループ会社各社の事業領域が複数にまたがる場合には、グループ本社機能の強化が求められる。それは例えば、グループ全体の成長戦略方針となるグループ経営戦略策定や各事業領域への適切な経営資源の配分を行うための事業ポートフォリオマネジメント機能、事業間のシナジー創出を図る機能などだ。さらには、特定の事業領域内だけでは参入が困難な新規領域への進出など多角化を推進する機能を設置・強化するケースもある。

◆**事業領域単位のマネジメント機能の構築**

　グループ経営の高度化にあたってはグループ本社機能を強化するのと同時に、事業領域単位でもマネジメント機能（事業本社機能）を強化していく必要がある。

　グループ本社は子会社が成長するにつれ徐々に距離を取りながら客観的な立場でグループ全体をマネジメントするようになっていくが、各事業サイドでは当該事業についての戦略・計画策定機能や経営管理機能（事業内の予算策定と進捗管理等）を持つようになる。それに従い、事業サイドの意思決定スピードを上げるための権限委譲が重要になっていく。一定金額内の投資は事業責任者が決定できるなどはその一例だ。

　こうした事業レベルでの意思決定機能を強化するために、事業領域ごとに経営会議体を整備するケースもある。

図表 27-1　多角化の程度とグループ経営のポイント

事業多角化程度小

中核事業中心
- 事業企画・管理に関する機能を含めて単一の本社組織が保有（グループ本社、事業本社という区分は存在せず）
- 組織別には、損益項目中心の業績管理

周辺領域拡大
- 本社はグループ経営に必要な機能（グループ本社機能）を強化
- 一方で、各事業が自律的な経営を進めていくための本社機能（企画・管理機能）を各事業部門（事業領域）へ段階的に移管

ポートフォリオ経営
- グループ本社と事業本社が明確に分離
- 事業部門は投資や資産効率を含む資本収益性に責任を持つ
- グループ本社は客観的な立場から各事業をモニタリング

事業多角化程度大

◆グループ経営高度化を実現するための組織設計

　グループ本社機能が明確になり、かつ事業領域ごとのマネジメント機能が強化されてくると、グループ経営組織体制自体も見直しをする必要が出てくる。

　組織体制見直しの方法としては、既存の法人形態を大きく変えずに導入できる「カンパニー制」による方法と法人格自体を再編する方法とがある。

◆カンパニー制による組織体制の見直し

　カンパニー制は特定の事業領域に含まれる組織・会社を疑似的に1つのカンパニーとして括って、カンパニーのトップ（カンパニー長やカンパニープレジデントと呼ばれる）がその事業領域全体の経営責任を負う組織形態である。

　事業部制（事業別組織）と考え方は基本的に同じだが、一般にカンパニー制の場合、本体（親会社）だけではなく、その事業領域に属するグループ会社まで含めてカンパニーを構成する（図表27-2）。したがって、カンパニーのトップはカンパニー連結での経営責任を有することになる。

　また、カンパニーごとに、損益だけではなく、カンパニー全体の投下資本額や資本収益性もマネジメントするケースが多い。

　このように、カンパニーはあたかも独立した経営組織のようになるため、カンパニー内に事業本社機能が置かれ、コーポレート部門はグループ本社機能に特化していく。しかしながら、法人格としてはこれまでと変わらないため、既存のルールや組織風土に影響を受けて、目的や役割分担が徹底できないケースも散見される。

◆法人格再編による組織体制の見直し

　そこで、もう1つの方法は、法人格自体を再編することで、こうした停滞感を打破する考え方である。

　グループ本社を（純粋）持株会社として分離させ、単独の法人として機能強化を図る一方、事業部門を事業会社として分離し、より自律性を高めていく「持株会社体制への移行」がその典型例である。

　法人格としても別々になることで、それぞれの規程・ルール・報酬体系を設定でき、また、事業部門のトップは「社長」としてより強い自覚と責任を持って事業運営を進めやすくなる。

図表 27-2　グループ経営と組織設計

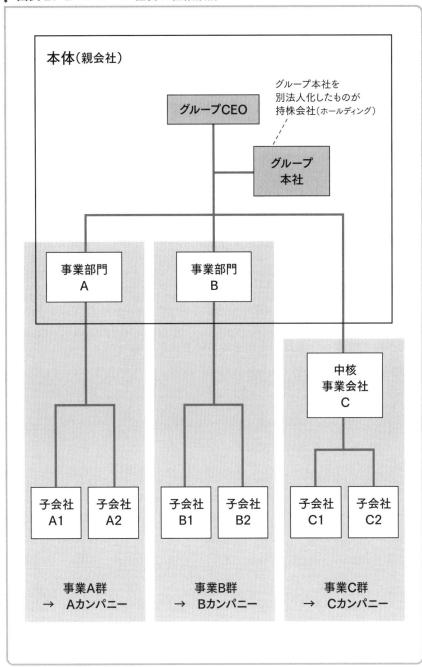

◆持株会社とは

　グループ経営の高度化を進めるなかで、持株会社体制に移行する企業も増えていることから、ここでは持株会社について補足的な説明を行う。

　通常、持株会社という場合は「純粋持株会社」のことを指す。純粋持株会社とは、自らは事業遂行機能を一切持たずに、子会社の株式を保有・管理することのみを目的としている会社のことをいう。つまり、「グループ本社機能のみを有する法人」ということだ。

　ただし、実際にはノンコア事業の一部（例：本業外で有している不動産事業）や新規領域への投資・インキュベーション機能などを持株会社で有しているケースもある。

　持株会社体制に移行する目的・メリットとしては、法人格を分けることでグループ本社機能の強化と事業の自律経営強化が徹底しやすくなることに加えて、事業会社のトップマネジメントのポストを通じた経営人材の育成やM&A・多角化の推進（被買収会社や成長事業部門が持株会社体制のもと並列に配置され、グループ戦略上の位置付けが明確化）がしやすくなることなどがある。

◆持株会社体制への移行にあたって検討すべき事項

　持株会社体制への移行は大規模な組織再編であり、その準備や手続きには相当の時間と労力を要する。多くの場合、経営企画部門が主管部署となり、経理・財務、人事・総務、その他の関連部署と連携して進めていくことになる。

　持株会社体制への移行にあたっては、これまで述べてきたような移行の狙い・目的を明確にしたうえで、「形式要件の検討」「財務構造の検討」「運営体制の検討」などを進めていく。

　形式要件には、組織再編のスキームの検討、各種手続きの検討、スケジュールの詳細化などが含まれる。

　財務構造は、法人格が分かれるなかでそれぞれの会社の持つ資産・負債や、分離後の収支がどのようになるかなどが検討項目になる。

　運営体制は、持株会社・事業会社それぞれの新たな組織体制や権限・責任のあり方などを検討する。

図表 27-3　持株会社体制への移行に伴う検討事項

持株会社体制への移行の基本方針

- 持株会社体制移行の狙い・目的
- 想定されるグループ経営体制

形式要件	**スケジュール**	● 持株会社体制移行時期、移行までの基本スケジュール
	スキーム	● 持株会社移行スキーム（株式移転、会社分割、複数手法の組み合わせ　等）
財務構造	**資産負債構造**	● 持株会社、事業会社の資産・負債・資本の構成検討
	損益構造	● 持株会社、事業会社の収支構造の設計・試算
運営体制	**組織形態・ガバナンス**	● 持株会社、事業会社の機関設計・役員体制、組織構造、役割分担、人員数、などの明確化
	機能・業務・責任・権限	● 権限委譲の方針整理と、具体的な分掌・決裁権限範囲などの明確化
	コントロール	● 体制移行後のモニタリング、リスクマネジメント、内部統制等のあり方の整理

第3章　経営基盤の強化と運用

28 グループ会社のマネジメント

グループ会社の特性に応じたマネジメント方針の明確化

◆グループ会社の分類

グループ会社は、「事業子会社」と「機能子会社」とに分かれる。

事業子会社とは、自らグループ外の顧客に対して製品やサービスを販売し、売上および利益責任を負うグループ会社のことである。

他方、機能子会社とは、生産機能、経理・給与計算等のシェアードサービス機能など、グループ内で特定の機能を担うグループ会社であり、グループ内売上が中心となる。

機能子会社も法人である以上、形式的に売上や利益は計上されるものの、一般的には業績責任(利益責任)は負わない。定められたコスト、予算内で一定以上の品質を伴った機能やサービス提供をすることが機能子会社の責務となる。

◆グループ経営におけるグループ会社の位置付け

これまでみてきたグループ経営体制との関係でいうと、事業子会社はいずれかの事業と密接に関連する場合には、当該カンパニー(事業領域)に所属する。そして、カンパニー構成会社として事業領域のトップ(カンパニー長)や他のカンパニー構成会社と事業全体の戦略を共有しながら活動していくことになる。

仮に、いずれの事業領域とも異なる内容のビジネスを行っている場合には、その事業子会社は独立事業会社として個社で経営を行うことになる。もっとも、事業が拡大してきたらその領域自体が1つのカンパニーとなり、自身が中核事業会社となって事業連結の経営を行うこともありうる。

機能子会社についても、特定の事業に必要な機能を提供している会社は、当該カンパニーや中核事業会社の傘下に位置付けられる。

複数の事業領域にまたがる場合や、経理サービスや情報システムなど、コーポレートの共通機能を提供している場合には、横串の機能子会社として、経営企画部門やコーポレート各部門が所管することが多い。

◆グループ会社のマネジメントルール

　所管や所属はコーポレート部門であったり特定の事業部門やカンパニーであったりさまざまであるが、独立した1つの会社として運営され、投資、費用支出、採用・人事などのさまざまな意思決定も必要となることから、一般的にはグループ会社管理規程（関係会社管理規程）によってグループ会社に対するマネジメントルールが定められている。

　例えば、一定額の投資を行う場合には、当該グループ会社内の決裁に加えて、所管カンパニー長の決裁や、親会社の会議体の決裁を求める、といった具合である。

図表 28　事業子会社と機能子会社の特徴

	事業子会社	機能子会社
概要	● 自ら事業を営むグループ会社	● 特定の機能（生産、経理・人事、管財等）を提供するグループ会社
顧客・売上	● グループ外部の一般顧客に対する売上が多い	● グループ内の事業会社各社に対する売上が多い
経営責任	● 利益の拡大・最大化に責任を持つ	● 予算内で一定品質以上の機能を提供する責任を持つ

29

IT インフラの刷新と ICT の推進
全社戦略達成の課題解決を図るシステム化基本構想策定に関与

◆IT戦略と経営企画部

　昨今では、ITと経営は密接不可分となってきている。そのなかで全社的なITの戦略を立案する場合、経営やビジネスの視点・スキルが必要になる。むしろ、ITやシステムだけの知識では、上流の戦略を立案することは難しい。経営企画部として求められている役割は、全社戦略を達成するうえで、どうITを活用すべきかを考えることにある。一方で、台頭する新しいIT技術やサービス・潮流を知らなくては自社の戦略に活かすことができないため、日々知識のアップデートが求められる。

　IT・システムに関しては、システム部門と連携しつつ、推進していく。経営企画部は、IT・システムと経営を橋渡しする役割が求められる。

◆システム刷新における経営企画部

　経営企画部員として避けては通れないのは、基幹システムをはじめとしたシステム刷新である。そのなかでも、上流工程であるシステム化基本構想策定には経営企画部員が積極的に関与していく。具体的には、IT戦略に従い、全社戦略達成に向けた課題をどうシステムで解決するか、どんなことができるシステムを導入するかなど、あるべき姿をもとに検討する。

　その後、あるべき姿に向けて、ユーザー部門と連携し「どんな業務が必要か」「どう業務を変革するか」を要求仕様定義書にまとめる。ベンダーを選定し、開発段階に入れば要件定義で詳細を検討するが、その前に要求仕様書として自社のやりたいことを明確にする。要求仕様を定義することでスムーズに要件定義を進めることができる。これにより、時間の浪費や要件の膨張による開発費用の増大リスクが軽減できる。

　上流の企画フェーズだけ関与し、開発プロセスはフェードアウトするケースもあるかもしれない。しかし、企画フェーズでの構想をシステムとして完成させるために、後続フェーズまで関与することが望ましい。その際の関与としては、プロジェクトの事務局としてベンダーとユーザーの間に入り、あるべき姿から逸れていかないように軌道修正する役割を果たす。

図表29 ITを活用した経営

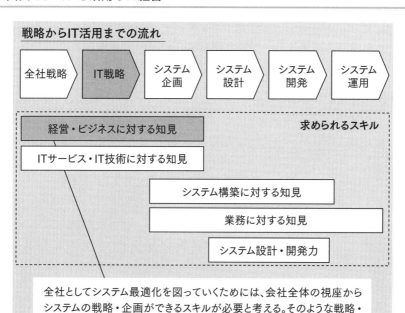

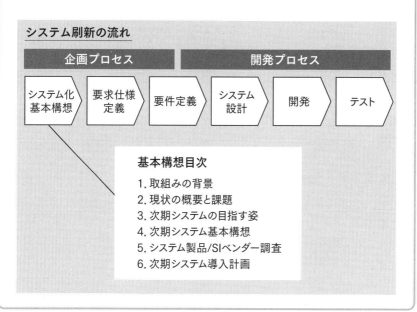

30
リスクマネジメントの高度化
全社的な意思決定・戦略に影響するリスクは経営企画部門で対応

◆**全社的リスクマネジメント**

　経営企画部員が関与するリスクマネジメントは、全社レベルの重要リスクの特定および戦略リスクへの対応である。リスクマネジメント自体は、総務部やリスクマネジメント部門が所管することが多いものの、全社的な意思決定・戦略に影響する部分は経営企画部門の関与が望ましい。

　従来リスクマネジメントは各部署でそれぞれ対策が行われていることが多かったが、組織全体の視点からリスクを把握・評価・対策していく全社的リスクマネジメント（ERM：Enterprise Risk Management）が広まりつつある。全社的リスクマネジメントのプロセスは、リスクの洗い出し→リスクの評価→重要リスクの特定→リスクマネジメント目標の設定→リスクマネジメントプログラムの策定→モニタリング、の流れで進めることが多い。

◆**重要リスクの特定**

　リスクの洗い出しと評価を行った後に、自社で優先的に取り組むリスクを選定する。経営として重要リスクを定め、当該リスクに対策予算を配分する。特定時は単純なリスク評価に加えて、例えば、以下の観点で経営トップ（リスクマネジメント委員会）が議論し、特定する。①定量的に影響度・発生頻度が大きいリスク、②対策度が低いリスク、③社内の複数の組織に関連するリスク、④社会的関心事であり危機感が増大しているリスク、⑤今後社内でも発現の危険度が増大することが見込まれるリスク。

◆**戦略リスクへの対応**

　戦略遂行に影響を与える戦略リスクを特定するためには、会社を取り巻く事業環境・法務・社会・政治および文化環境を含む、会社に関する深い知識、会社の戦略目標に対する理解が必要になる。戦略リスク単体で扱うのではなく、戦略策定のプロセスで発生するリスクファクターを拾い出し、リスクとしてまとめる作業が必要になる。そのため、全社戦略を所管する経営企画部門が関与・所管することが望ましい。

図表 30　リスクマネジメントの全体像

活動	担当
リスクの洗い出し	事務局＋各部署・各社
リスクの評価	事務局＋各部署・各社
リスクの優先順位付け（重要リスクの特定）	リスクマネジメント委員会
リスクマネジメント目標の設定	リスクマネジメント委員会
リスクマネジメントプログラムの策定	各部署・各社
モニタリング	リスクマネジメント委員会 事務局＋各部署・各社

※ リスクマネジメント（狭義）

危機発生！

事故報告	各部署・各社
危機対応組織の構築	リスクマネジメント委員会
情報管理	事務局
復旧活動	各部署・各社

※ クライシスマネジメント

※ リスクマネジメント（広義）

リスクマネジメント：危機の事前回避のための諸施策
クライシスマネジメント：危機発生時の緊急事態対応

第3章　経営基盤の強化と運用

31 経営管理制度の高度化

「組織の活動コントロール」と「戦略的意思決定」を仕組み化する

◆経営管理制度の2つの仕組み

経営管理制度は、企業が経営戦略を実現するための仕組みのことをいう。大きくは「組織の活動コントロールのための仕組み」と「戦略的意思決定のための仕組み」に分けられる。経営企画部門は、経営管理制度の構築・見直しを行う中心的な役割を担い、特定テーマ（例：中期経営計画の立案・進捗管理）については運用段階の主管部署となっていることもある。

◆組織の活動コントロールのための仕組み

これは、いわゆるPDCAサイクルの構築に代表される、計画を立てて実行し、計画との実績の差を明確にし、必要に応じて活動の見直しを行う、というものである。中期経営計画の策定と管理および予算の編成と管理はその代表例である。その他には、全社レベルで構築されているリスクマネジメントの仕組みや、サステナビリティに関する取組みの立案とモニタリング（温室効果ガスの削減目標、人的資本等に関する各種目標の設定と進捗管理）なども該当する。これらは事業レベルや部門レベルに展開され、部門単位でもPDCAサイクルが構築・運用される。さらに、個人レベルでの目標設定と結果の評価も広い意味で組織の活動コントロールに含まれる。

◆戦略的意思決定のための仕組み

より中期的な観点から企業価値の最大化を図っていくには、組織の活動コントロールのPDCAサイクルの中に必ずしも含まれない戦略的意思決定のための分析や情報提供の仕組みも必要となる。

全社レベルでいえば、例えば事業ポートフォリオを可視化し、どの事業に優先的に資源配分をしていくべきかの決定をすることが挙げられる。また、より個別の事業レベルであれば、ある設備投資案件を実施するべきか否かの判断を行うための仕組みなどが該当する。これらの仕組みには、定常的なもの（投資判断のためのフォーマットが決まっているものなど）もあれば、特定の意思決定をするために、都度、情報整理・分析を行うものもある。

104

図表 31　経営管理制度の概要

```
                    経営管理制度
                    ┌────┴────┐
        組織の                    戦略的
   活動コントロールのための       意思決定のための
        仕組み                      仕組み
```

全社レベルのPDCA

- 中期経営計画の経営目標・KPIへの落とし込み
- 目標と実績の比較要因把握・対応策検討
- 経営と各部門間での目標設定とフィードバック・評価

部門予算・実績管理

- 営業、生産等の各部門の予算・実績管理

製品別・顧客別損益の計画・実績管理

- 重点戦略製品種別、顧客別の売上・利益目標と実績管理

　…等のPDCAサイクル

経営資源配分意思決定

- 事業ポートフォリオの可視化・分析と資源配分の決定
- エリアポートフォリオの可視化・分析と資源配分の決定
- 製品・顧客ポートフォリオの可視化・分析と資源配分の決定

投資判断意思決定

- ハードルレート*の設定／撤退基準の設定
- Ｍ＆Ａ判断・評価
- 新規事業投資判断
- 個別の設備投資判断

　…等の意思決定の仕組み

　連携

［個人レベル］
目標管理・人事評価

＊ハードルレート：投資判断における必要最低限の利回りのこと

第3章　経営基盤の強化と運用

32

キャッシュフローマネジメントの推進
中長期的あるいはグループ全体の視点から企業価値の最大化を図る

◆**資金繰りとキャッシュフローマネジメント**

　いわゆる「資金繰り」もキャッシュフローマネジメントの一要素ではあるが、資金繰りはより短期的な資金収支に着目したものである。月次ベースの詳細な入金および出金予定をもとに、資金残高に問題が生じないかを確認し、必要に応じて資金の手配を行う、というものである。これは、伝統的に経理・財務部門が担ってきた機能である。

　他方、ここでいうキャッシュフローマネジメントはより中長期的、あるいはグループ全体の視点から企業価値の最大化に向けてキャッシュフロー（CF）の創出と配分をマネジメントする、というものである。

◆**キャッシュフローマネジメントの考え方**

　キャッシュフローマネジメントのステップとしては、まず各事業領域の中期経営計画等をもとに、事業が生み出す資金（営業CF）と、そのために必要な投資（投資CF）を明確にすることが必要である。

◎**計画期間の営業 CF が投資 CF を上回っている場合**

　営業CFが投資CFを上回っていれば基本的に資金調達は不要、ということになる。しかし何もしないとそのまま現預金残高が積み上がっていき、資本効率が悪化することにもつながりかねない。

　したがって、その分を配当等の株主還元に回すのか、あるいはM&Aや新規事業開発などの成長投資に回すのかといった検討が必要になる。

◎**計画期間の投資 CF が営業 CF を上回っている場合**

　他方で、成長のための投資CFが営業CFを上回る場合には、なんらかの方法で資金調達を行うことになる。最もオーソドックスなのは銀行借入であるが、その際には借入余力や格付けへの影響など、中期的なキャッシュフロー計画をもとにした検討が必要である。

　また、社債の発行や新株発行も選択肢となる。各種検討の結果、資金調達に制約がある場合には、必要投資の選別など、当初計画の見直しを進めることも考えなくてはならない。

図表32　キャッシュフローマネジメントの基本的な考え方

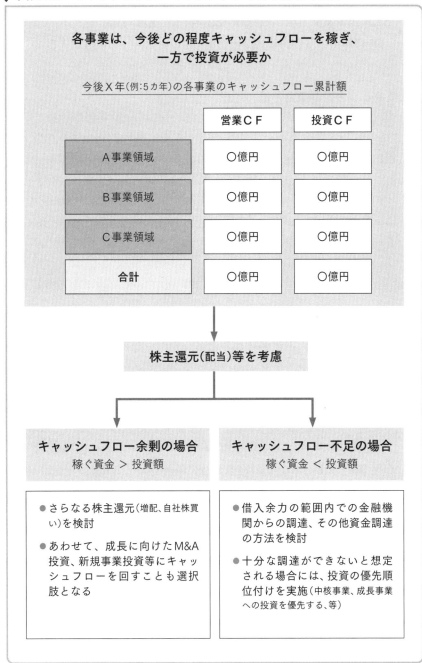

33

投資評価・管理の高度化

「投資時点の投資判断」と「投資後のモニタリング」の視点が大事

◆投資マネジメントの全体像

投資評価と投資管理の高度化には、「投資時点の投資判断の視点」と「投資後のモニタリングの視点」が要点となる。投資判断やモニタリングの仕組みをつくり、全社レベルのモニタリングを担うのが経営企画部門や経理・財務部門であり、その仕組みに基づいて個別の投資判断や個別投資のモニタリングを行うのが事業部門、という関係性が一般的である。

特に、事業が多角化している企業グループは個々の投資を一元的に判断することは難しいことから、事業部門にその判断を委譲している。

ただし、金額が大きいものや部門をまたがる投資、M&Aなどは経営企画部門が中心となって検討して経営に判断を仰ぐ、というケースもある。

◆投資判断の基本的な考え方

投資判断に際して、定量面では、当該投資から得られるリターンが当社の設定するハードルレートを上回っているかチェックし、上回っていれば投資を実行するというのが基本的な考え方となる。例えば、少なくとも投資に対するリターンは年10%以上必要といったような基準（ハードルレート）を設定し、投資計画の妥当性をチェックするといった具合である。

また、回収期間法（その投資から得られるリターン何年分で当初投資額を回収できるか）を採用している企業の場合には、基準となる期間内に投資回収ができるかというのが確認のポイントとなる。

その他にも、定性的な部分（投資の必要性・他の投資と比較した優先度、環境負荷軽減への貢献など）も含めて判断を行う、というのも一般的である。

◆投資実行後の管理

投資判断の仕組みは多くの企業で整備されている一方で、投資の結果や進捗状況を十分モニタリングできている企業は少ない。個別の投資効果を実績として取り出すことが難しい場合も多いため仕方がない部分もあるが、そもそも投資金額が予定どおりであったかや、特に費用削減などが効果と

して想定されていた場合にその効果が出ているかなどはトレースが可能であるため、適切に事後のチェックを行うべきである。

図表33　投資評価・投資管理のポイント

投資実施時の確認・評価ポイント

- 投資の目的（事業化、規模拡大、合理化・更新等）
- 投資の具体的な内容
- 投資効果（計画期間にわたっての売上、費用・利益への影響額）
- 投資収益率（投資から得られるリターン）

投資実行後の確認・評価のポイント

〈投資案件自体の評価〉

- 当初の予定金額と、投資金額実績の比較
- （大型設備投資の場合）当初の予定工期と、工期実績の比較
- 投資実績総額と最新のキャッシュインフロー計画から投資収益性に関する指標を算出し、当初計画の指標と比較

〈投資プロセスの評価〉

- 当初計画を達成できなかった項目とその原因
- 特定した原因について、当初計画を作成したときに不備がなかったかの確認
- その他、計画した時点で考慮しておけばよかった点等の確認

34

知的財産管理の高度化
商標権等の知的財産権に加え、ブランド等無形資産全般が対象

◆経営企画部が管理すべき知的財産

　知的財産とは、研究や発明といった知的活動の結果生み出される財産であり、狭義には特許権や商標権といった「知的財産権」を指す。広義には、知的財産権に関するものをはじめ、企業の保有するデータ、事業実施のノウハウ、ブランド、顧客との信頼など「目に見えない資産」である「無形資産」全般を意味する。経営企画部は、広義の視点で知的財産を考える。

　自社の技術を守り、他社の模倣を防ぐ特許群などはいうまでもなく重要な知的財産である。しかし、真に企業の強みを支えるのは特許権などの権利化された財産に限らず、例えば顧客のニーズを吸い上げる社内的な仕組み・ノウハウであったり、「品質が良い」というブランドイメージであったり、その品質を支える徹底した品質管理体制であったりすることも多々ある。これらもすべて知的財産である。

　特に、研究開発力の強い製造業などでは、全社的に特許権など知的財産権の管理を重視しがちであり、「特許をいくつ持っているか」が経営の最重要KPIの1つであったりもする。しかし、経営企画部として、自社の強みの分析や知財戦略の検討をするにあたっては、常に広義の知的財産の視点に立たなければ、投資すべき知的財産を見誤いかねない。

◆知的財産の特定

　知的財産（知財）の特定には、第5章で解説するバリューチェーン分析やVRIO分析などが活用できる。自社の現在や将来の競争優位の基盤になる知財や無形資産を特定し、それらを獲得・蓄積するためにどのようなアクションが必要か、またそれらをどのようなKPIで管理するかを検討する。

　これらの検討には、内閣府が2023年3月に公表した『知財・無形資産ガバナンスガイドライン』が参考にできる。同ガイドラインは、主に資本市場（投資家）とのコミュニケーションを念頭に置いたものではあるが、その内容は知財戦略検討の参考になり、また知財に関する検討を進めるにあたっての社内の説得や共通認識づくりを進める助けにもなる。

図表 34　知的財産の管理対象と実務

●「知的財産」の対象

広義の知的財産（無形資産）

特許に現れない技術・ノウハウ、組織風土、信頼・レピュテーション・ブランドイメージ、顧客との関係性、企業間ネットワークなど

狭義の知的財産

特許権、商標権、意匠権、著作権などの「知的財産権」

●経営企画部目線での知的財産マネジメントの流れ

①　強みの特定

- バリューチェーン分析やVRIO分析などのフレームワークを用いて、当社の強みの源泉になっている知的財産（知財）や、その知財が競争優位性につながっている仕組みを特定する

②　将来像の設定

- 当社の将来像（特に、目指すビジネスモデル）を描く
- 今の強みとなる知財を活かしたモデルとしつつ、その実現のためにこれから新しく獲得・強化すべき知財を特定する

③　課題・取組み計画とKPI設定

- その知財を獲得・蓄積するための課題と取組み計画、進捗評価のためのKPI（非財務KPI）を設定する

④　モニタリング

- 知財の獲得・強化のためのアクションが進んでいるか、目標とするKPIを達成できているかをモニタリングする

35

人材マネジメントの高度化
経営戦略と連動した人材戦略と人的資本経営の推進

◆人的資本経営の推進

　経済産業省によれば、人的資本経営とは「人材を『資本』として捉え、その価値を最大限に引き出すことで、中長期的な企業価値向上につなげる経営のあり方」と定義される。

　アメリカの経済学者ゲーリー・ベッカーによると、人的資本とは従業員個人が持つ知識・スキル・能力の総称で、具体的にはknowledge（タスクを遂行するために必要な情報）、skills（タスクを遂行するための個人レベルの能力）、ability（種々のタスクに応用可能な継続的な特性）、other characteristics（さまざまなタスクの遂行に影響するパーソナリティー特性や関連する要因）の頭文字を取って「KSAOs」と表現される。

　注目が高まった契機は、経済産業省から2020年に公表された『持続的な企業価値の向上と人的資本に関する研究会　報告書』（通称：人材版伊藤レポート）である。ここで提示された経営戦略に連動した人材戦略の必要性と従業員への人材投資の重要性の開示が推奨された。2022年には経営戦略と連動した人材戦略を具体的にどう実践するかに焦点を当てた『人的資本経営の実現に向けた検討会　報告書』（人材版伊藤レポート2.0）が公表された。同年8月には「人的資本経営コンソーシアム」が発足し、先進事例の共有、企業間協力に向けた議論、効果的な情報開示が進められた。同時期には、内閣官房と非財務情報可視化研究会から「人的資本可視化指針」が公表された。

　以上より、人的資本経営の議論は大きく2つに収斂される。

　1つは、経営戦略と連動した人材戦略を実践することである。長期ビジョンや中期経営計画を踏まえて自社に必要な人材像・人材要件を定義し、要員配置・採用、育成、多様な働き方、従業員エンゲージメント、DE&Iなどの施策を推進することが期待される。

　そしてもう1つは、人的資本の情報開示である。2023年から開示が義務化された有価証券報告書での情報開示と、任意開示であるが作成する企業が増えている統合報告書を通じた情報開示も重要性が増している。

少子高齢化と生産年齢人口の減少という構造的な問題を抱える日本において、会社には人材に対して適切に投資し、より大きなリターンを生み出すための知恵を絞ることが求められている。

図表35　人的資本経営の全体像

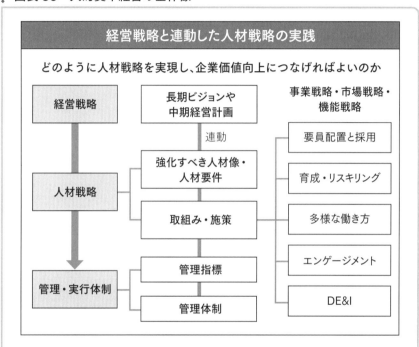

＊規定のフォームに従うのではなく、企業それぞれの将来的価値を自由に表現すること

経営企画部コラム③

不正、不祥事との関わり方

◆経営企画部のリスクマネジメント

　一般的に経営企画の役割は戦略策定・推進など会社の成長を中枢部で支えるものだとされるが、会社経営の根幹を揺るがすような不正、不祥事のニュースが日々報じられるなか、SNSなどによる情報拡散の広がりもあって、対応を誤ると二次的、三次的な炎上を招き、企業継続にも多大に影響するような現象がみられる。

　こうした事象にどのように構えるかはリスクマネジメントの範疇でもあり、会社によっては「リスクマネジメント部門」や「品質管理部門」「内部監査部門」「法務部門」「広報部門」などの部署が担当となり、リスクの察知や早期改善に努めている。

　一方で、リスクマネジメントの専門部署がない会社、あるいは設置していても十分に機能していない会社は多くある。

　経営を揺るがすような大きな問題へと発展する場合、経営企画部にとっても対岸の火事として傍観するわけにはいかない。

◆経営層の不祥事

　なかでも、経営層が原因の当事者となってしまうような事案は重大案件になるリスクが高く、他部署と比べても相対的に経営層との関わりが強い経営企画部が早期にリスクの兆候を把握して、改善対応に努める姿勢が求められる。「役員によるハラスメント事案」などはわかりやすい事例になるが、問題が顕在化するかなり以前からある程度の兆候は把握できるはずだろう。

　もちろん、一経営企画部員が直接注意を促すことは立場上難しいと思われるが、社会的なコンプライアンス感度の高まりを情報として提供したり、社外役員や顧問弁護士など第三者を通じて当人に伝わるよう根回ししたりするなどのアクションが想定される。

　このような事案は一度発覚してしまうと原状復帰までに多大な労力、コストを要する。

　できるだけ未然防止に努めることが必要であり、そのための環境整備、仕組みやルールづくりの前提としてのリスク兆候把握の領域で、会社全体を俯瞰的にみている経営企画部の役割は決して小さくはない。

第 **4** 章

特定の経営課題への取組み

36

ESG経営・サステナビリティへの取組み

『コーポレートガバナンス・コード』を参照し、自社戦略に反映する

◆ESGを巡る主要な出来事

ESGはもともと、Environment（環境）、Social（社会）、Governance（ガバナンス）の頭文字を合わせた機関投資家が使う業界用語である。歴史を遡ると、ESGの原点はSRIにある。SRIとはSocial Responsible Investmentの略で、「社会的責任投資」と訳される。経済的利益だけを追求するのではなく、環境・社会にも配慮して投資を行うアプローチは今日のESGにつながる。その起源は、投資家が米国でタバコ、ギャンブル、アルコール、軍事などの事業を運営する会社を投資対象から外したことにある。

ESGの存在感が増したのは、2006年に国連のコフィ・アナン事務総長が発表した国連の責任投資原則（PRI）にある。ここで各国の年金基金や資産運用会社に署名を求めた。しかしその後、ESGは一部の金融機関がサステナビリティをテーマに研究活動を行うなど、業界内での認知は広まったものの、世間の認知が広がるまでには至らない期間が続いた。

潮目が変わったのは2015年、第21回国連気候変動枠組条約締結国会議（COP21）におけるパリ協定の合意、金融安定理事会（FSB）による気候関連財務情報開示タスクフォース（TCFD）の設置、そして日本の年金積立金管理運用独立法人（GPIF）がPRIに署名したことなどにより、本格的にESG投資が開始されたことによる。以降、2020年頃まではESG投資がブームの様相を呈し、企業のESG情報を収集・調査して機関投資家に提供するESG評価機関・格付機関が激増した。同時に、ESG情報開示に関するフレームワークも多数登場し、企業側にとって情報開示の負荷が重くなった。

こうした問題意識を受けて国際会計基準（IFRS）の策定を担うIFRS財団が主要なフレームワークを策定した機関を統合して国際サステナビリティ基準審議会（ISSB）を設立した。その後、2023年に初めてのグローバル統一開示基準としてIFRS S1号「サステナビリティ関連財務情報の開示に関する全般的要求事項」とIFRS S2号「気候関連開示」が公表された後、日本企業がそれをどこまで適用するかについて国内で議論するサステナビ

リティ基準委員会（SSBJ）が設立され、2024年3月にSSBJ基準が公表された。

図表36-1　ESGを巡る主要な出来事

年	内容
2006	国連のコフィ・アナン事務総長（当時）が6項目からなる「国連の責任投資原則（PRI）」を発表し、各国の年金基金や資産運用会社に署名を開始
2007〜2014	● ゴールドマンサックスは「GSサステイン」という調査活動を開始し、ビジネスが環境や社会の変化に対応できているか、ガバナンスはしっかりしているか、という持続可能性（サステナビリティ）の面からも企業を調査 ● モルガン・スタンレーも2013年に「サステナブル投資研究所」を設立、活動を本格化
2015	● 第21回国連気候変動枠組条約締結国会議（COP21）にてパリ協定が合意 ● G20財務大臣・中央銀行総裁の指示によって、金融安定理事会（FSB）は気候関連財務情報開示タスクフォース（TCFD）を設置 ● 年金積立金管理運用独立行政法人（GPIF）がPRIに署名し、本格的にESG投資を開始
2019	米国のビジネス・ラウンドテーブルが『Statement on the purpose of a Corporation』という声明を発表した。これは株主の利益追求を至上と考える「シェアホルダー資本主義」から、顧客・従業員・サプライヤー・地域社会・株主の5つのステークホルダーに利益をもたらす「ステークホルダー資本主義」への転換
2021	国際サステナビリティ基準審議会（ISSB）設立
2022	国際サステナビリティ基準審議会（ISSB）が基準案（全般、気候関連）を公表
2022	金融審議会ディスクロージャーWG報告。有価証券報告書にサステナビリティの枠を新設
2023	国際サステナビリティ基準審議会（ISSB）が、IFRS S1号「サステナビリティ関連財務情報の開示に関する全般的要求事項」とIFRS S2号「気候関連開示」を公表
2023	気候関連財務情報開示タスクフォース（TCFD）が解散。国際サステナビリティ基準審議会（ISSB）にて気候変動を含む非財務情報の開示基準策定の機能を統合
2024	サステナビリティ基準委員会（SSBJ）がSSBJ基準を公表

第4章　特定の経営課題への取組み

◆『コーポレートガバナンス・コード』のサステナビリティ関連記載

ESG・サステナビリティに関する最新動向は常日頃からフォローする必要があるが、まずは『コーポレートガバナンス・コード』(東京証券取引所)へのサステナビリティ関連記載に応じて進めるのがよいであろう。具体的には次の3つが求められている。

補充原則2-3①：取締役会はサステナビリティをリスク減少のみならず収益機会にもつなげていくこと

補充原則3-1③：経営戦略の開示と人的資本・知的財産への投資についてサステナビリティの取組みを開示すること

補充原則4-2②：取締役会は自社のサステナビリティの基本的な方針を策定し、サステナビリティに関する取組みと持続的な成長に資する戦略の実行について実効的に監督すること

また、金融庁が策定した『投資家と企業の対応ガイドライン』では、「取締役会の下または経営陣の側に、サステナビリティに関する委員会を設置するなど、サステナビリティに関する取組みを全社的に検討・推進するための枠組みを整備しているか」としてその実効性が問われている。

⋮ 図表36-2　サステナビリティ関連の原則に関するコンプライ・オア・エクスプレイン状況

新設・改訂された原則	概　要	コンプライ率	
		プライム	スタンダード
補充原則 2-3①	取締役会は、サステナビリティ課題への対応はリスクの減少のみならず収益機会にもつながる重要な経営課題であると認識し、積極的・能動的に取り組むよう検討を深めるべき	95.8%	94.0%
補充原則 3-1③ 【新設】	●経営戦略の開示にあたって、自社のサステナビリティについての取組みを適切に開示、人的資本や知的財産への投資等について、分かりやすく具体的に情報を開示・提供すべき ●プライム市場上場会社は、TCFDまたは同等の枠組みに基づく開示の質と量の充実を進めるべき	62.3%	59.1%
補充原則 4-2② 【新設】	●取締役会は自社のサステナビリティを巡る取組みについて基本的な方針を策定すべき ●人的資本・知的財産への投資等をはじめとする経営資源の配分、事業ポートフォリオに関する戦略の実行が、企業の持続的な成長に資するよう、実効的に監督すべき	86.4%	67.1%

出所：日本取引所グループ(2023)『東証上場会社コーポレートガバナンス白書2023』142ページ

◆ESG・サステナビリティの今後の展望

ESG投資を中心としたサステナブル投資を推進する世界持続的投資連合（GSIA）による1年おきの調査「Global Sustainable Investment Review」によると、2020年まではESG投資は継続的に増加していたが、2022年の調査（2023年11月公表）では初めて前回を下回った。背景には、ESGへの風向きが変わったことが挙げられる。

例えば、2023年6月、世界最大の資産運用会社ブラックロックのCEOラリー・フィンク氏が「ESGという用語をもう使わない」と表明した。米国における反ESGの運動や政策が広がるなか、ESGが政治利用される懸念があることが原因とされている。実際、米国の一部の州ではESG投資を規制する動きが出ている。ただ、フィンク氏は「環境、社会、企業統治の取組みを企業に要請していく姿勢そのものは変わらない」とも述べている。また、欧州においてはESGそのものがもはや当たり前のことで、数年内にわざわざESGとして語る必要はなくなるという意見もある。

今後こうしたESGの動きがどのように展開していくのか、現時点では不透明な面もあるが、企業経営を語るうえでサステナビリティは欠かせないトピックであることは変わらないであろう。

経営企画部員としては今後も情報収集とそれを踏まえた自社の戦略への反映と行動変容を欠かさないようにしたい。

図表 36-3　ESG投資額の推移

金額単位:10億米ドル

地域	2016	2018	2020	2022
ヨーロッパ	12,040	14,075	12,017	14,054
カナダ	1,086	1,699	2,423	2,358
オーストラリア・ニュージーランド	516	734	906	1,220
日本	474	2,180	2,874	4,289
小計	14,115	18,688	18,220	21,921
増減		32%	− 3%	20%
アメリカ	8,723	11,995	17,081	8,400
計	22,838	30,683	35,301	30,321
増減		34%	15%	− 14%

出所:GSIA(2023)『Global Sustainable Investment Review』

37 投資家との対話

海外投資家の台頭等株主構成の変容により、株主への対応も変わる

◆機関投資家２つの区分

　機関投資家は、お金の出し手である「アセットオーナー」とその運用を委託されリターンを上げることが求められる「アセットマネジャー」に区分される。

　アセットオーナーには、保険会社、年金基金、ソブリンウェルスファンド（政府系ファンド）、財団・大学基金などがある。ESG投資で注目のGPIF（年金積立金管理運用独立行政法人）は年金基金の１つである。

　そしてアセットマネジャーには、投資信託会社、投資顧問会社、投資ファンド、ベンチャーキャピタルなどがある。近年、日本の株式市場で存在感を増している「物言う株主（アクティビスト）」は、「アクティビスト・ファンド」と称され、投資ファンドの一種と捉えることができる。

図表 37-1　機関投資家の種類と企業との関係性

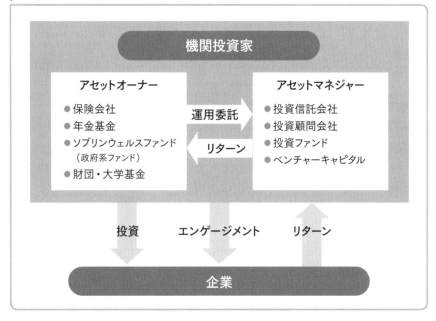

◆投資家との対話が重要視される背景

　企業経営において投資家との対話が重要視される背景には、日本企業の株主構成が大きく変化したことがある。日本取引所グループが発行する『株式分布状況調査』によると、1990年代まではメインバンクをはじめとする銀行や企業が株式を持ち合うことが多かったが、2000年代に入ってからは、海外投資家が保有する割合が大きく増加していることがわかる。

　株主構成が変化したことで、企業に求められる行動は当然変容する。銀行のガバナンスが強かった時代は、借入金の返済を毎月滞りなく行い、現金をしっかりと保有して、黒字の経営をしていれば問題はなかった。取引先との株式の持ち合いであれば、お互いに厳しく監督し合うことも少ない。

　これに対して、海外投資家が株主としての存在感が増したいま、企業には明確にリターンが求められる。株主は企業に投資する時点で一定のリターンを生む期待を持って投資している。経営者はそれに対して、自社の価値を高めることで株主にリターンを提供する責務を負う。リターンには「キャピタルゲイン」と「インカムゲイン」の2種類があるが、近年、日本の株式市場で存在感を増しているアクティビスト（アクティビスト・ファンド）が株主提案する内容も、こうしたリターンを期待したものである。

　特に上場企業の場合、自社の成長期待と資本収益性を高めるための施策を実践し、投資家と建設的な対話（エンゲージメント）を継続的に行うことが必須となっている。

図表 37-2　主要投資部門別株式保有比率の推移

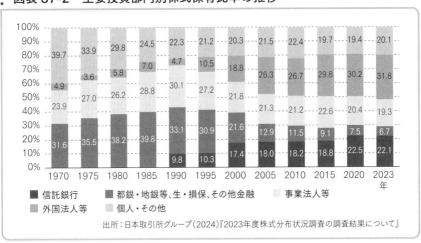

出所：日本取引所グループ（2024）『2023年度株式分布状況調査の調査結果について』

38

指名・報酬に関する委員会の運営
公明・公正かつ迅速・果断な意思決定を果たす

◆指名委員会と報酬委員会の役割

コーポレートガバナンスコード改革を通じて、企業には経営者の指名・報酬に関する委員会の設置が求められている。

指名委員会と報酬委員会は、機関設計によって法定の委員会（指名委員会等設置会社に設置）と任意の委員会（監査役会設置会社、監査等委員会設置会社に設置）に分かれる。2015年時点では東証一部上場企業（現在のプライム市場上場企業に該当）の導入比率が10%弱という水準であったが、2024年にはプライム市場全体では90%を超え、JPX日経400に限れば95%を超える水準まで上昇している。

指名・報酬委員会は、委員会の構成員の過半数を社外取締役とし、委員長は社外取締役が務め、現社長・CEOや他の経営陣と連携することで、指名・報酬のテーマに対して適切な監督を行うことが求められる。

◎指名委員会の役割

指名委員会の主な役割は、社長・CEOの選任・解任を巡る議論を主導し、後継者計画（サクセッションプラン）を策定・運用することである。日本企業では次期社長は現社長が任命する、いわば専権事項とみなされていたが、現在は指名委員会が主導し、現社長をはじめ経営陣と連携しながら客観性と透明性が高いプロセスで運用する必要がある。

一般的なプロセスは、①次期社長・CEOに必要なスキル・資質を定義、②後継者候補者を選抜して人材プールを構築、③候補者の育成計画を策定、④候補者の評価を実施して人材プールを適宜入替、⑤最終候補者を絞り込んで後継者指名、という流れである。

これに加えて、今後は取締役の後継者を計画的に選抜・育成するボード・サクセッション、執行役員をはじめ経営執行の責任者を計画的に選抜・育成するシニアエグゼクティブ・サクセッションまで広がりを見せることが期待されている。

◎報酬委員会の役割

　報酬委員会の主な役割は、経営陣の報酬体系を設計することである。従前、日本企業の経営陣の報酬は固定報酬が中心で、業績連動報酬や自社株報酬の割合が欧米に比べて低い傾向にあると指摘されてきた。

　近年は、業績連動報酬や自社株報酬のKPIを中期経営計画と連動させ、ROEやROICといった資本収益性指標を設定する例も増えている。株主からすれば、持続的な成長と中長期的な企業価値向上に貢献した経営者は多くの報酬を受け取ってもよいが、逆に実現できない経営者の報酬は下がらざるを得ないと考える。言い換えれば、投資家と同じ目線で経営のかじ取りをすることが期待されている。

　そして報酬委員会には、経営者の報酬が何に対して、どれだけ支払われるのか、客観性と透明性の高いプロセスで設計する大きな役割がある。

図表38　指名・報酬に関する委員会の設置・運営

◎指名・報酬委員会が関与する範囲例

諮問対象者＼諮問事項	指名委員会		報酬委員会	
	指名方針の策定	個別候補者の指名	報酬方針の策定	個別報酬額の決定
社長・CEO	○	○	○	○
社外取締役	○	○	○	○
業務執行取締役	○	△	○	○
執行役員	○	△	○	○

凡例：○:内容決定にも関与　△:手続の確認

出所:経済産業省(2022)『指名委員会・報酬委員会及び後継者計画の活用に関する指針』を一部改変

◎指名・報酬委員会のアジェンダ例

指名委員会	報酬委員会
●次期社長・CEO、取締役、執行役員に必要なスキル・資質 ●候補者の選抜、人材プールの構築 ●候補者の育成計画策定 ●候補者の評価、人材プールの適宜入替 ●最終候補者を絞り込み、後継者指名	●役員報酬の水準 ●固定報酬・業績連動報酬・自社株報酬の構成割合設計 ●業績連動報酬の設計 ●自社株報酬の設計 ●リスク管理メカニズムの仕組み構築 　(クローバック条項、マルス条項など)

第4章　特定の経営課題への取組み

39

資本政策と最適資本構成

事業資金の調達と株主構成、そして株主資本と負債のバランス

◆資本政策とは

資本政策とは、主に企業が事業活動に必要な資金をどのように調達するのか（資金調達）、そして株主構成をどのように最適化するのか（最適な株主構成の実現やステークホルダー間の利益調整）を計画し、実行することである。

資金調達の代表的な手法としては、増資（株主割当増資、第三者割当増資、公募増資等）や銀行からの借入、社債発行などがある。一方、株主構成の最適化の手法としては、種類株式の発行、自社株買い、株式移動、株式分割、新株予約権の発行のほか、自社従業員・役員向けの従業員持株会、ストックオプション制度（新株予約権の一種）の導入などがある。

このように資本政策にかかわる検討視点や手法は多岐にわたるものの、すべてを実行する必要はなく、自社の状況に合わせて適切な手法を組み合わせることが重要である。

◆資本コストとは

資本政策を考えるにあたり重要となる概念が、資本コストである。資本コストとは、企業が事業活動に必要な資金を調達する際にかかるコストであり、借入金や社債などの金利の「負債コスト」と、株式発行による配当などの「株主資本コスト」に分けられる。

実務上、資本コストはWACC（Weighted Average Cost of Capital；加重平均資本コスト）という企業価値を表す指標を使う。その名が示すとおり、WACCは負債コストと株主資本コストの調達額に応じて加重平均して算出する。

当然のことながら、企業は投資家の期待を上回るリターンを稼ぎ出せなければ、投資家の価値を毀損し株価を下げることになる。よって、企業はWACCを上回るリターンとともに、負債の有効活用によるWACCの引き下げにも注力しなければならない。

近年、東京証券取引所からの要請により、企業は株価や資本コストを意識した経営が求められている。その要請に応えるには、自社の資本コストを把握し、それを上回るリターンを稼ぎ出すことがポイントになる。

図表 39-1　資本政策

①資本政策の主な目的と代表的な手法

主な目的	代表的な手法	
資金調達	増資	株主割当増資
		第三者割当増資
		公募増資
	負債活用	銀行借入
		社債発行
株主への働きかけ	種類株式の発行	
	自社株買い	
	株式移転	
	株式分割	
	新株予約権の発行・ストックオプション制度の導入	
	従業員持株会の導入	

②資本コストの構造

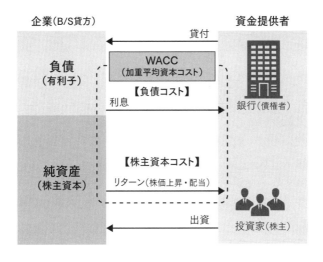

◆**最適資本構成のあり方**

　前述の資金調達において、自己資本額や自己資本（株主資本）比率をコントロールしながら、資本コストをいかに抑えていくかというのが最適資本構成（＝自社の企業価値を最大化するような負債と株主資本の構成）の考え方である。

　つまり、理論上は資本コストを表すWACC（加重平均資本コスト）が最小値となる資本構成が最適資本構成となる。なお、資本構成は企業価値に影響を与えないとされている。

　しかし実際のところ、法人税の節税効果のほか、自己資本が過剰に積み上がっていたり、余剰現預金を多く保有していたりなどして極端に偏った資本構成を改善することにより企業価値が向上することがある。

◆**最適資本構成を図るうえでの留意点**

　最適資本構成を図るには、負債と株主資本のバランスが重要になる。

　一般に、企業の資本構成が負債に偏りすぎると財務レバレッジが高まり資本効率は良くなるものの、倒産リスクが上昇したり、金融機関からの信用格付けが低下したりするなどして財務健全性が損なわれていく。

　一方、企業の資本構成が株主資本に偏りすぎると財務健全性は高まるものの、投資家の要求リターンがあがることで資本コストが上昇したり、資本効率が悪化したりする。

◆**最適資本構成をいかにして目指すのか**

　では、企業はいかにして最適資本構成を目指せばよいのかだが、その問いに対する決まった答えはない。

　なぜなら、安定経営を目指すうえで負債はあまりしたくないなど、最適資本構成は企業それぞれの経営に対するスタンスにより異なるからだ。したがって、自社の経営方針や理想とする財務状態を考慮したうえで最適資本構成を目指していくことになる。

　その際、現状の資本構成を正確に把握し、負債と自己資本のバランスを客観的に評価する必要がある。その評価には、競合他社の資本構成を参考にしたり、金融機関や投資家との対話を通じて意見を求めたりするなどが有効である。

　加えて、資本市場の動向や金利の変動を常に注視しながら、自社の資本構成を柔軟に調整していくことが求められる。

図表 39-2 最適資本構成

①最適資本構成とは

負債と株主資本の比率をコントロールしながら最適資本構成を目指していく

②WACCとDEレシオの関係

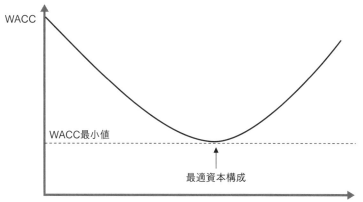

Debt：負債　Equity：自己資本

DEレシオ（Debt Equity Ratio；負債資本倍率）とは、企業の有利子負債が自己資本（株主資本）の何倍にあたるかを示す、資本構成の指標。企業の財務健全性を測る指標であり、数値が低いほど財務が安定していると判断でき、健全性の目安として1倍を下回るのが良いとされる

40 株主還元の方針検討

成長戦略やキャッシュフロー計画等に基づき、株主還元の方針を検討

◆株主還元の検討

　株主還元とは、企業が事業活動を通じて得た利益のうち、借入金の返済や再投資に充てるための資金（内部留保）を確保してなお余る部分を、株主に配当などの形で還元することである。

　株主還元の金額や方針の検討は、経営企画部あるいは財務部門、IR部門などが中心となって行う。ただし、これらの検討の前提には、企業の今後の成長戦略やキャッシュフローの計画があり、それを主導するのが経営企画部になる。

◆株主還元の主な手段

　株主還元の方法には、大きく「配当」と「自社株買い」の2つがある。配当とは現在の株主に会社が持つ現金を支払う形で還元することであり、自社株買いとは自社の株主の一部から自社の株式を会社が買い取ることである。自社株買いでは、残る株主に直接資金の支払いなどの還元が行われるわけではないが、会社の利益を分け合う株主が減るので、残る株主が持つ株式1株あたりの利益が増えることにより間接的な利益還元となる。

　この2つの還元方法は、理論的には株主のメリットや企業価値に差を与えないのだが、実際の市場では多少のメリット・デメリットがあるため、状況に応じて使い分けることがある。

　例えば、配当は一度水準を引き上げると下げにくい（投資家からの評価が下がることにつながる）ので、一次的に株主還元を行いたいときには、自社株買いを行うか、あるいは特別配当などの形をとることが多い。

◆株主還元の金額と手段の検討ステップ

　株主還元は、原則としては稼いだ利益のうち、投資などに使わない余剰資金をもって行う。そのため、まずは将来の資金計画を作り、会社が内部に留めるべき現金の金額を定めたうえで、最適な資本構成を検討して還元する金額を決め、さらに還元の方法（配当か、自社株買いか）を定める。

このような社内のプランを軸にしつつ、もう一方で株主の配当利回りなどをみながら、「株主がどの程度の還元を期待していそうか」を踏まえて、実際の還元額を決めていく。

図表40　株主還元の手段と検討ステップ

①株主還元の主な手段

配当	通常の配当	●保有する株式の数に応じて、現金を株主に支払う ●一般的には、1株あたりの配当額か、利益に対する比率（配当性向）などを定めて、その金額を払い続ける ●そのため、一度水準を上げると引き下げにくい
	特別配当・記念配当	●あくまで臨時・特別な配当として支払う配当（本質的には、通常の配当と同じ） ●自己資本額の調整などを行いたい際に、一時的な増配であることを強調するために行うことがある
自社株買い		●市場で流通している自社の株式を自ら買い取る ●残る株主に直接現金を支払うわけではないが、1株あたりの利益が増えることで、間接的な株主還元につながる ●特別配当などと同様に、一次的な自己資本の調整に使われるほか、株価が比較的割安なときなどに行われる

②株主還元の金額と手段の検討ステップ

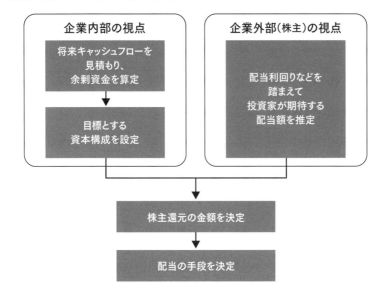

M&Aやアライアンスの推進
仲介者からの持ち込みや自社の独自対応に際しての実務担当となる

◆M&Aやアライアンスの類型

M&A（Mergers and Acquisitions；合併と買収）は、取得する対象が企業（株式）または事業あるいは単に取得するだけではなく統合するのかで大きく分類される。一般的に多いとされる相手の株式を取得するM&Aは、経営企画部門が実務的に対応することになる。

アライアンスまで含めると、資本移動を伴う（資本提携）以外に業務提携も選択肢になる。業務提携は大きく、販売提携・生産提携・共同研究・共同開発などがある。資本提携と業務提携は同時に行われることもある。

◆M&Aプロセスの全体像①　M&A戦略

M&A戦略は、大きく2段階に分かれる。

［ステップ1］まずは、既存の企業戦略を達成するためにM&Aをどう活用するか検討する。

例えば、関東を中心とする販売網しか持たない企業が関西への進出を図るのであれば、関西の企業が候補となる。新規事業の展開が戦略上の課題であれば、ターゲットとする新規事業領域かつ自社の既存事業と親和性やシナジーが見込める事業領域を持つ企業が候補となる。

［ステップ2］M&Aの方向性が定まったら、対象となる企業を抽出→リストアップ→スクリーニングを行い、候補企業を選定する。

ターゲットとする領域の企業全体から売上高や利益、拠点数などの条件に基づきスクリーニングを行い、初期リスト→ロングリスト→ショートリストと絞り込んでいく。後工程に進むにつれて徐々に情報も付加していく。何社か有望企業が挙がったら、優先順位をつけてアプローチ方法を検討していく。直接アプローチできる場合もあるかもしれないが、M&Aの助言業務を行うフィナンシャルアドバイザー（FA）を経由してアプローチすることが多い。

M&Aは、FAなどからの持ち込みに対して検討するほか、自社で候補先を抽出し、FAにアプローチの依頼をかけていく方法もある。ディール（取

引)に発展する可能性はFAなどからの持ち込みのほうが高いが、その場合、買いたい企業ではなく買える企業になってしまう懸念もある。そのため、持ち込みと自社対応の両方を適切に併用しながら、自社のM&Aを進めていく。

図表41-1 M&Aの全体像

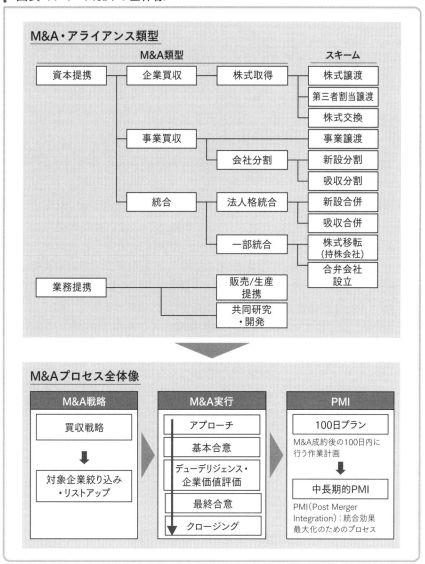

◆M&Aプロセスの全体像②　M&A実行フェーズ

M&A戦略立案・候補先選定後、候補企業にアプローチする。相手に売却の意向があれば、基本合意→デューデリジェンス（DD）/企業価値（価格）の算定（Valuation）→最終合意→クロージングと進む。ただし、FAなどの持ち込み案件では特に、複数の買い手と売り手が交渉するビット（入札形式）になることも多い。

基本合意では、DDの実行についての取り決めや、スケジュール、一部条件（スキームや価格など）に関する合意を結ぶ。基本合意までに交渉してきた内容の整理と合意形成ができ、以降の段取りをスムーズに進行させることができる。一般的には、法的な拘束力までは持たせない（ノンバインディング）ため、同義的な拘束となる。

「買収監査」ともいわれるデューデリジェンスでは、ビジネスDD、財務DD、法務DDなどを行う。企業特性に応じて、人事DDやITDD、知財DD、不動産DD、環境DD、税務DDを追加することもある。DDの目的としては、「相手ビジネスの理解」「シナジーの検討」「事業計画の精査」「簿外債務の発見」「リスク要素の洗い出し」が中心となる。DDの中で致命的な要素（ノックアウトファクター）が発見され、かつ解決が難しい場合はディールブレイク（破談）となる。DDの結果を踏まえて、キャッシュフローによる「インカムアプローチ」、競合企業の株価等の比較による「マーケットアプローチ」、貸借対照表の資産・負債の状況による「コストアプローチ」の評価法を用いて企業価値の算定（Valuation）を行う。

終盤の局面として、DDと価格算定を踏まえ、終結に向けての条件交渉・合意を目指す。DDで発見されたリスク要素などを価格や契約条件に織り込みつつ、最終的な契約を締結する。その際、契約書の特約的位置付けとして表明保証を活用する。表明保証は、対象企業に関する財務や法務等に関する一定の事項が真実かつ正確であることを表明し、その内容を保証するものとなっている。

最終合意後、資金決済、各種名義の書換請求、登記変更手続きなどの事務的な対応を完了させ、ディールクローズとなる。

経営企画部員は、M&Aの実行段階においてFAおよび各専門家や社内各部署と連携・取りまとめが期待されている。

無事買収が完了した後は、次項で説明するPMIと呼ばれるフェーズに移行する。

図表 41-2　対象企業の絞り込み

①対象企業の絞り込みの検討

新規事業への取組み	● 現在展開している、既存事業以外での事業領域で成長性の見込める企業を買収する ● 既存事業とのシナジーのある事業への進出のために当該企業を買収する
グローバル展開	● 他国での事業展開を進めるために現地企業（同業者、販売代理店など）を買収する
製品サービス展開	● 製品・サービスラインアップを充実させるため、有望製品、サービスを有する企業を買収する ● 既存製品の川上、川下領域を有する企業を買収する
販売網の拡大	● 既存製品の販売強化と新事業や製品・サービスの販売対応力確保のために、販売力のある企業を買収する

②対象企業の絞り込みのプロセス

買収戦略の決定 ▷ ロングリストの作成 ▷ ショートリストへ絞り込み ▷ ターゲットの順位付け ▷ アプローチ方法検討 ▷ 買収戦略の推進

業界全体の企業からリストアップし、どのような基準で絞り込むか

どのような基準で順位付けしていくか

「誰に」「誰が」買収を申し入れするのか

第4章　特定の経営課題への取組み

42

経営統合を成功させるPMIの推進
シナジー創出を見越した内容の検討と計画・スケジュール策定

◆PMIの3パターン

　PMI（Post Merger Integration；合併後の統合プロセス）では、次のように大きく3つのパターンに分類できる（図表42）。

　①企業買収によるものであり、グループ会社として買収企業を事前に想定したプロセスで受け入れ、どのようにコントロールしていくかを検討することを目的する。

　②会社合併を伴う経営統合であり、この場合、法人格を統合するため、PMIでは各制度やルールを統合し、Day1（効力発生日）段階で、法人として事業を支障なく営むことを一義的な目的とする。

　③同じ統合でも法人格の統合を行わず、持株会社設立による経営統合を行うこともある。この場合、持株会社の運営として、コーポレートガバナンスや一部業務を統合させる。②と比較し、統合する制度やルールが限定的なため、比較的規模の大きな統合に用いられることが多い。一方で、統合する項目が限定的なため、②と比較し、統合効果が得られにくいといったデメリットがある。

　なお、上記の①〜③を広義のPMI、②と③を狭義のPMIとすることができる。

◆PMIの検討項目

　各パターンに応じて、PMIの検討項目、要する時間やリソース、難易度も異なるため、それらを見越して実行計画とスケジュールを立てることが望ましい。一般的にM&Aの成否を決める要素としてPMIが大きく影響するので、買収が適切にできたとしてもPMI次第で狙ったシナジーの創出ができないこともあることに注意が必要である。

　①の企業買収のPMIでは、買い手の制度・ルールに合わせる。デューデリジェンスの指摘事項を中心に対応しつつ、経営管理、情報システム、会計方針（連結会計のため）を中心に適用を図る。また、買収前に想定したシナジーについて、実務者も交えてその創出の計画を立てる。

②の会社合併では、管理系業務は完全に統合（一部併存もある）されるため、管理系業務全般（経理、人事、システム、総務等）にわたり、統合業務を行う。また、営業や製造などの業務についても時間軸を決めつつ統合を図る。①と同様にシナジー計画を立てる。

③の持株会社設立による統合では、持株会社における経営体制（役員構成を含めたコーポレートガバナンス）や一部管理系業務を統合集約させ、持株会社の体制を整える。このパターンも同様にシナジー計画を立てる。

図表42　PMIの全体像

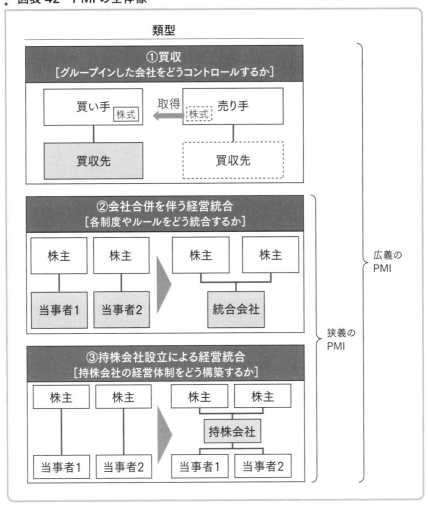

43 経営効率に資する業務改革

生産性向上等経営の効率化につなげる業務プロセスの効率化

◆業務改革の考え方

　普段放置されたままのムダを排除し、業務プロセスを効率化することでコスト低減や生産性の向上、そしてなによりも従業員のモチベーションの向上になる業務改革は経営の効率化ということからも経営企画部門でイニシアチブを取って進めたい。

　実際に業務改革を進めるにあたっては、効率化できる業務を特定し効率化案を推進することに加えて、機能強化（やるべきだができていない業務の実施）も併せて検討する。効率化によって生じた余力を機能強化にあてつつ、それでも要員が不足する場合、中長期的に補充し体制を整える。

◆業務改革の進め方

　まずは、現状業務の棚卸しを行い、業務体系を作成する。業務体系の作成では、業務分掌や現場へのヒアリングをもとに対象組織にどのような業務があるのかを把握する。その際、業務体系の粒度感が細かすぎても粗すぎても後の工程で支障が出る。よって、自社が分析したい単位で業務体系を設定することが重要である。ヒアリングをするなかで、課題のあたりを付けながら進めると適切な粒度感で業務体系が設定ができる。

　次の段階として、作成した業務体系をもとに業務量調査を実施する。1次集計した後、異常値や明らかな記入ミスがあれば修正をお願いし、データの正確性を上げる作業が必要になる。また、調査後のヒアリングにより記入者の意図や真意を把握する方法も有効である。

　1次分析により組織別・業務別・課題別などいくつかの切り口で集計・分析を行う。分析したデータ値や、ヒアリング等であらかじめ把握していた課題をさらに詳細化やクロス分析により深掘りしていく。

　分析により把握した課題をもとに効率化案や強化案を検討し、定量的な裏付けを付加する。業務ルールの変更からシステム導入、取引先も巻き込んだ施策など、この段階で複数案が出てくるが、優先度や重要度、社内リソースを加味しつつマスタープランを作成する。そのため、業務実態把握

は数カ月で実施するものの、業務改革自体は年単位での時間を要することも多い。

図表 43-1　業務改革の全体像

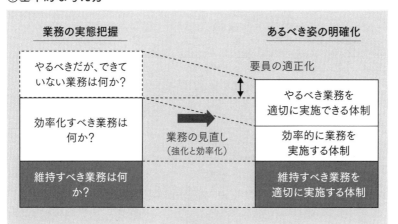

◆業務量調査の４つの方法

業務改革のための業務量調査の主要な方法として、「実測法」「実績記入法」「見積時間記入法」「標準モデル構築法」の４つがある。

①実測法

工場など反復・単純作業を対象にする。実際の作業についてストップウォッチなどを活用して計測する。工程・部門・工場全体で、一定量の効率化効果を狙う場合に使用される。

②実績記入法

日誌や日報等を活用し、一定期間の個人ごとの業務量の実績を収集する方法。日誌や日報は最低でも１カ月程度必要であることから、収集に時間を要し、記入者の負担も大きい。また、月ごとに業務が異なる、あるいは季節性がある業務には適さない。

③見積時間記入法

調査対象者が自身の業務量を推計し、調査シートに記入する方法。実測法や実績記入法に比べ、少ない労力で収集できる。ただし、個々人の見積もりによる記入であるため、第三者や上司によるチェックを行い、精度向上が必要である。また、１年単位で業務を見積もるため、実績記入法とは異なり、季節性のある業務にも対応可能。

④標準モデル構築法

サンプル拠点で業務担当者や要員シフト管理者へのヒアリングや実績情報の収集を行い、業務量の標準モデルを構築する方法。定型・定例業務が中心で、業務構造が類似する拠点が複数ある場合に有効。

◆効率化の４つの視点

効率化を検討する際には、次に示す視点が有効となる。

①過去の経緯から目的不透明のまま続いている業務や過剰品質・過剰管理により発生した業務に対しては、業務や一部ルールの廃止、業務の変更・簡略化を行う。

②自動化できるにもかかわらず行っている手作業やシステム機能不足や不備により手作業を余儀なくされている業務に対しては、システム化を行う。

③ノンコア業務や自社対応ではコスト的に見合わない業務に対しては、外部委託を行う。

④単価が高い管理職が作業を担っている、複数部署で同一の業務を行っ

ているなどの場合、業務の担い手を代えるか、あるいは業務を特定の部署
に寄せる・移管すること（シェアードサービス）を検討してみる。

図表 43-2　業務量調査の方法

◎業務量調査の方法

① 実測法	●実際の作業をストップウォッチなどを活用して計測する方法。観測に相当程度の労力がかかる ●主に工場など反復・単純作業を対象に、一定量の効率化効果を狙う
② 実績記入法	●日報等を活用し、一定期間の個人ごとの業務量の実績を収集する方法 ●業務の実態を捉えるには最適である一方で、調査対象者には一定程度の負荷がかかる
③ 見積時間記入法	●調査対象者が自身の業務量を推計し、調査シートに記入する方法 ●①実測法や②実績記入法に比べ、少ない労力で収集することができる
④ 標準モデル構築法	●サンプル拠点で業務担当者や要員シフト管理者へのヒアリングや実績情報の収集を行い（1カ月程度の作業日報、各種ドライバーの実績等）、業務量の標準モデルを構築する方法

◎業務量調査票のイメージ（実績記入法 / 見積時間記入法）

大項目	中項目	小項目	業務時間
業務体系 [例]経理部 （大項目）一般経理 　（中項目）債務管理 　　（小項目）支払管理 　　（小項目）… 　（中項目）債権管理 　　（小項目）入金処理 　　　…			**業務時間** 実績記入法：1日の各業務時間 見積時間記入法：年間の各業務時間 [例] 1日1回1時間 ＝1時間×5日×52週 ＝260時間/年

第4章　特定の経営課題への取組み

シェアードサービスの推進

自社の戦略と照らしながら、プロジェクトとして計画・実行を担う

◆シェアードサービス推進における3段階

　シェアードサービスとは、企業が間接部門における業務（特にサービスセンター機能）を1カ所に集約させて業務効率化やコスト削減を狙う企業改革手法のことである。集約化する業務は既存の組織に移管する、あるいは法人として独立させる方法がある。集約化された業務を行う組織が「シェアードサービスセンター（SSC）」だ。

　シェアードサービスを導入し推進させていくにあたり、次の3段階で捉えるとわかりやすい。

　　Level1：単純業務の集約化
　　Level2：経営資源の集約化
　　Level3：コントロール機能の集約化

　シェアードサービスがにわかに注目された2000年代半ば、その主目的はコストダウンのための単純業務の集約化（Level1）だった。事業特性の影響を比較的受けにくい経理・財務、人事、総務に関するサービスセンター機能を集約化し、コスト削減を図るケースだ。間接業務全体の中で定型業務を集約化し、集約化した業務は規模の経済により効率化され、業務効率化も併せて行うことでさらなる効果が生まれる。

　定型業務中心のコスト削減追求型のシェアードサービスにおいて、業務効率化の先にある将来の姿が見えないため、閉塞感が蔓延し、モチベーションが低下しかねない。そのため、経営資源の集約化（Level2）を目指す企業が増えている。特に、人手不足であれば事務系専門職を各社で確保することにも限界が生じうるため、SSCを利用し専門人材のプールを行う。

　Level3としては、コーポレートは企画機能に特化し、SSCはグループの予算統制・経営管理、グループ内部統制などのコントロール機能を集約化することになる。ただし、実態的にはLevel1あるいはLevel2の企業がほとんどである。

　経営企画部の役割としては、自社の戦略と照らしてSSCの目指すべき

姿を描くこと、および計画実行のプロジェクトマネジメントである。実務的には、集約化の範囲（組織および業務）を定め、業務量調査などを踏まえた実現可能性調査を行い、それをもとにした意思決定を経て、対象となる業務を標準化・集約化していく。

図表44　シェアードサービスセンターの仕組みと進化の方向性

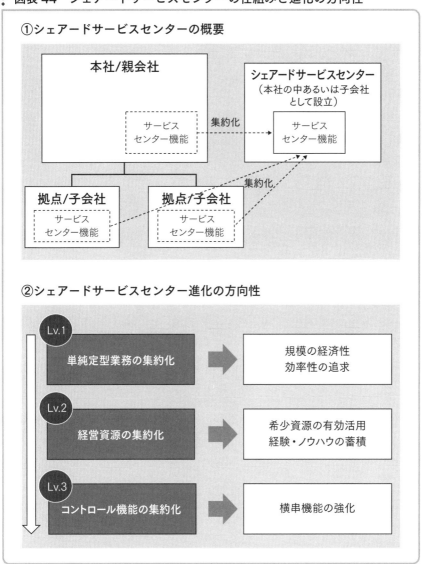

45 構造改革の推進

中長期的な自社の利益を優先し、実行すべきことを経営者に進言する

◆事業ポートフォリオの見直しから構造改革までの流れ

企業が戦略を考えるフレームワークの1つに、「事業ポートフォリオ分析」がある。例えば、売上高などの成長性を縦軸、ROIC（投下資本利益率）などの資本収益性を横軸にしたポートフォリオにおいて、「低収益・低成長事業」や「収益性は良いが低成長な成熟事業」は見直しの余地がある。

前者は低収益・低成長であるがゆえに、収益性のテコ入れが必要である。テコ入れしても自社の撤退基準に抵触する場合、撤退が望まれる。維持・放置した場合、収支や企業価値を棄損する。

後者については、キャッシュカウ（永続的利益をもたらす事業）な場合もあるかもしれないが、ベストオーナーの観点から売却したほうが良い場合もある。ここでのベストオーナーとは、ある事業の企業価値を中長期的に最大化できる経営主体を指す。

自社がベストオーナーでない場合は、ベストオーナーへの売却を模索する。その結果、売却した資金を自社のより強みを持つ事業に集中させることができる。言い換えれば、ノンコア事業を売却し、コア事業に経営資源を集中させるということだ。

◆構造改革の意思決定への進言

ノンコア事業の売却は、ベストオーナーをみつけたタイミングでの売却となる。常日頃から「当該事業のベストオーナーは誰か」といった観点を持つことが重要になる。

一方で、低収益・低成長事業については、あまり悠長に売却先をみつけている時間もない。期限を決めてその中で売却の可能性がなければ、撤退に移るほうが最終的に企業価値向上に資する。短期的には、希望退職・退職勧奨・整理解雇などの雇用調整に伴う退職金、不動産・リースなどの契約解除に伴う違約金、設備・備品売却に伴う売却損などの特別損失が発生する。中長期的な収支、企業価値、自社リソースの観点から短期的な損を受け入れても構造改革をしたほうがプラスになることも多い。

特に、構造改革の意思決定は、非常に難易度が高く、経営者にとって苦渋の選択となる。経営企画部員としては中長期的な自社の利益を優先し、実行したほうがよいことは経営者に躊躇なく進言する胆力が求められる。

図表 45　構造改革の進め方

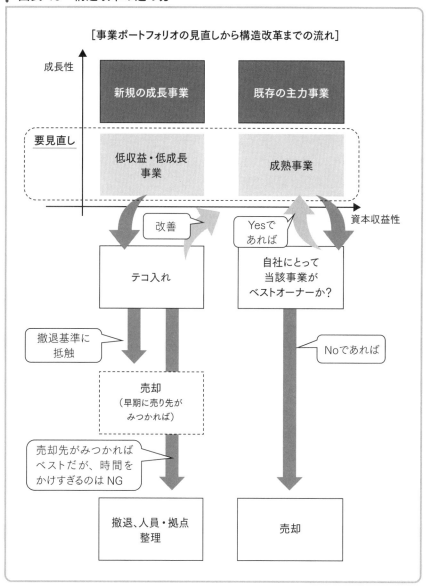

ROIC 経営の推進

資産から利益を生み出す力を高められているかを判断する際の指標

◆ROIC と ROIC 経営

ROIC（Return on Invested Capital）は「投下資本利益率」と訳される。投下資本の計算は、一般には企業の外部（投資家や銀行などの債権者）から調達した資金である、株主資本と有利子負債の和を用いる。税引後の営業利益は、（特別損失などを除けば）企業が稼いだ利益のうち、資金の出し手に対して残る部分である。よってROICは、企業が調達した資金を使って事業を行い、どの程度効率よくリターンをあげられているかを測る指標である。

そして、ROICを重要なKPIとして経営に関するモニタリングや意思決定を行うことを「ROIC経営」という。

◆ROIC 経営が求められる背景

近年、投資家がROE（自己資本利益率）だけでなく、ROICを事業自体の稼ぐ力を測るのに適した経営指標として重視するようになったことから、ROIC経営を始める企業が増えている。ROEを高める考え方としては、「資産から利益を生み出す力を高められているか」と「財務レバレッジを改善するか」の2通りがあるが、事業自体の競争力を判断するには、前者の「資産から利益を生み出す力を高められているか」どうかをその判断材料として用いることが多い。その評価に適した指標がROICなのである。

◆ROIC と WACC の関係

ROICは、株主資本や有利子負債など、投下した資金を元手に、事業を通じてどの程度のリターンを生んでいるかの指標である。そのため、事業のパフォーマンスの良し悪しを評価するにあたっては、これらの「資金の調達にかかるコスト（WACCと呼ばれる指標）」を、ROICが上回っているかどうかをチェックする。長期にわたってROICがWACCを下回っているような場合、「その事業は、わざわざ資金を調達してまで続ける価値がない」との評価をすることになる。裏返せば、「事業を継続するために、最低限達成すべきROICの目標値」がWACCといえる。

図表 46-1　ROICの計算法と資本コストとの関係

①ROICの計算式

$$\text{ROIC} = \frac{\text{税引後営業利益*（NOPLAT）}}{\text{投下資本}} = \frac{\text{税引後営業利益（NOPLAT）}}{\text{株主資本＋有利子負債}}$$

- 税引後営業利益（NOPLAT）：投資家や銀行に帰属する利益（利払いや株主還元に充てられる利益）
- 株主資本＋有利子負債：外部から調達した、調達コストがかかっている資金（投資家や銀行など）

＊）実務上、税引後営業利益の代わりに、実効税率を用いて計算した「みなし税引後営業利益（NOPLAT）」を用いることも多い。なお、NOPLAT＝営業利益×（1－実効税率）で求める
NOPLAT（Net Operating Profit Less Adjusted Taxes）

②ROICと資本コストの関係

ROIC 資金の出し手 （主に投資家＋債権者） に対するリターン	＞	加重平均資本コスト （WACC） 有利子負債を含め 資金調達のコスト

最低限、ROICがWACCを上回る水準を目指す

事業継続の条件

◆ROICツリーによるKPI設定とマネジメント

ROIC経営を実践する企業では、事業やSBU（戦略的事業単位）を評価する際の最重要指標としてROICを用いる。多くの場合、全社のKGI（重要目標達成指標）には株主価値やPBR（株価純資産倍率）といった株価関連の指標を置く。各事業でROICの改善を促すことで、全社の株主価値やPBRを高めることを目指す。

事業やSBUごとにWACCを踏まえた利益の目標値、つまりハードルレートを定め、各事業でハードルレートを上回るよう、ROICを改善することを目指す。

先に述べたように、ROICの目標設定をする際には、WACCがそのベースになる。したがって、事業別のWACCを計算して、それを踏まえた事業別のROICの目標値であるハードルレートを設定し、事業部門に示すことが経営企画部の役割になる。

さらに、部門や担当者単位のKPI（重要業績評価指標）を設定する際には、図表46-2①のように、ROICをさらにいくつかの指標に分解して、その指標を改善するための施策と下位のKPIを示す「ROICツリー」を用いる。

例えば、ROICを投下資本回転率と売上高利益率に分解し、売上を伸ばすための施策、不要な資産の処分や資金活用効率の向上により投下資本を減らす施策、コストカットや付加価値増加により売上高利益率を高める施策を考える。

◆ROICのマネジメントサイクル

ROICは、投下資本に対して1年間でどれだけのリターンを生んだかを示す指標であるから、月次や四半期などでレビューする意義は薄い。そのため、基本的には、ROICをみるのは年次か、短くとも半期ごととして、月次ではROICを分解したKPI（売上・利益や資産の回転率、投下資本の変化など）をモニタリングすることが多い。

よくみられるのは、例えば図表46-2②のように、中計策定時や年次予算の策定時に年間のROICの目標を経営陣や経営企画主導で定めて、それをもとに事業部でROIC向上のための活動を推進し、1年後にまたROICの分析・レビューを行うような方法である。この際、月次や四半期・半期ごとのレビューでは、ROICより下位のKPIが達成できそうか、その改善のために何を行うか、といった内容が中心となる。

図表 46-2　ROIC 経営実践のカギ

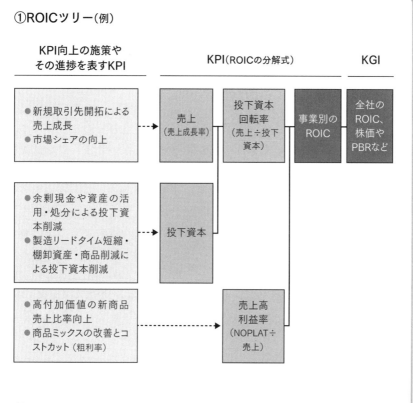

47 組織風土の改革

明文化されているハード部分と明文化されていないソフト部分の検証

◆組織風土改革を成功させる要点

　組織風土とは、組織内で共有されている「価値観」「信念」「行動規範」などのことであり、従業員の行動に影響を与えるものである。つまり、組織が長年にわたって培ってきた暗黙の共通認識ともいえる。なかには慣習として根付いたものもあるが、経営環境の変化によって形骸化や陳腐化した内容も出てくる。もはや会社の性格としてできあがっているので、それだけにその変革には相当なパワーと時間を要することになる。そこでまず大事なことは、現状の組織風土のどの構成要素に着目をするのかについてポイントを絞り、関係者間で共有し、従業員目線で変革を考えることだ。

　構成要素は、明文化されているハード的なものと明文化されていないソフト的なものに大別できる。ハード的な要素には、MVV（ミッション・ビジョン・バリュー）やクレド（行動指針）、人事評価制度などがある。そしてソフト的な要素には、相互の信頼といった人間関係などのほか、心理的安全性といった組織の状態などがある。

◆レヴィンの3段階組織変革プロセス

　具体的に組織風土を変革するには、MITグループダイナミクス研究所創設者で社会心理学者のクルト・レヴィンが提唱した「レヴィンの3段階組織変革プロセス」が活用できる。これは、まず現状の組織風土となっている価値観や慣習を解きほぐし（解凍）、変革の必要性を共有したうえで実行すべきことを推進し、新しい考え方ややり方などを組織風土として再凍結させるという、①解凍→②変革→③再凍結の3段階プロセスからなるフレームワークである。

　ここでポイントになるのは、現状の解凍をしっかり行ったうえで、変革の必要性を関係者全員が共有してから推進することだ。変革には抵抗勢力がつきものである。そうした人たちも含めて納得できる根拠を示して進めないと、いつの間にか元の状態に戻ってしまったりすることがある。

　そのためにも、組織として不変の経営理念やMVV、パーパス等のハー

ド的要素を明示的に組み込んだうえで、未来に向けての会社のありたい姿とそこでイキイキと従業員が働く姿をイメージしながらどんなソフト的要素が必要なのかを考え出し、その姿を実現するために不断に働きかけることが重要となる。

図表 47　レヴィンの 3 段階組織変革プロセス

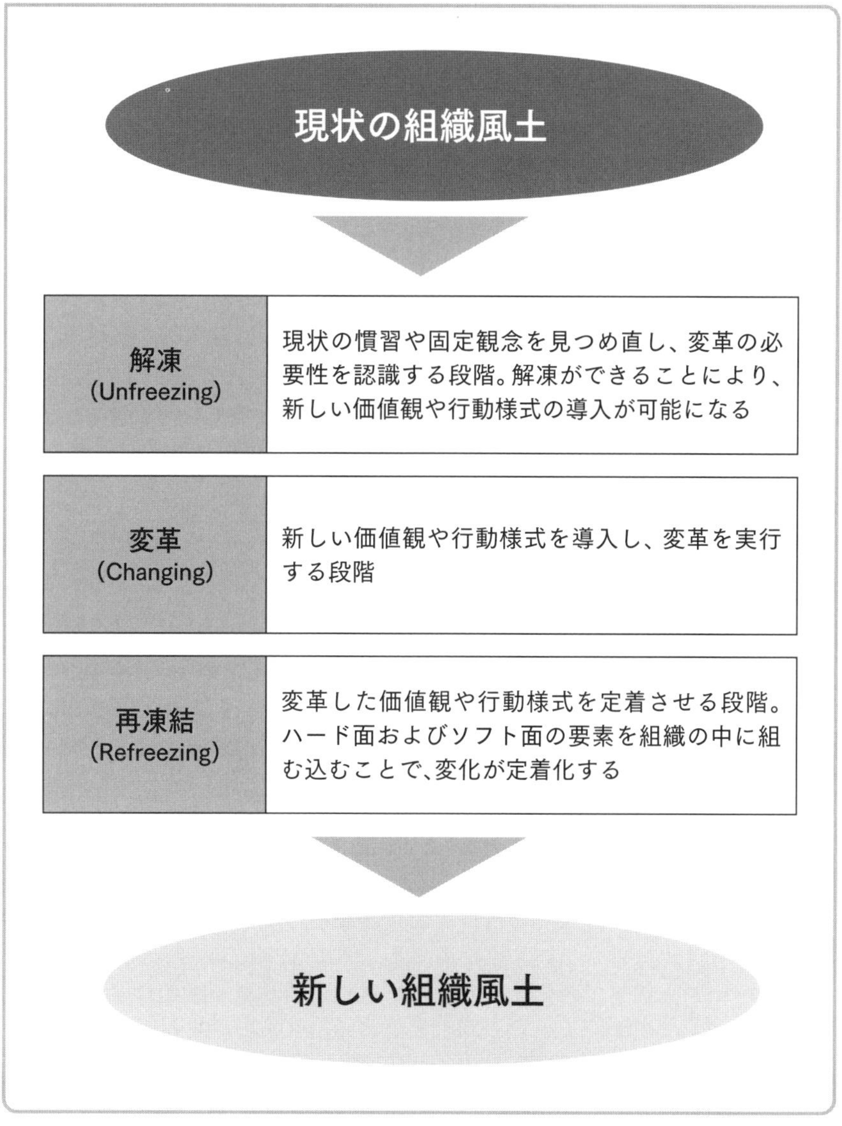

現状の組織風土

解凍 (Unfreezing)	現状の慣習や固定観念を見つめ直し、変革の必要性を認識する段階。解凍ができることにより、新しい価値観や行動様式の導入が可能になる
変革 (Changing)	新しい価値観や行動様式を導入し、変革を実行する段階
再凍結 (Refreezing)	変革した価値観や行動様式を定着させる段階。ハード面およびソフト面の要素を組織の中に組む込むことで、変化が定着化する

新しい組織風土

第4章　特定の経営課題への取組み

経営企画部コラム④

環境・エネルギー問題など
メガトレンドへの向き合い

◆対岸の火事ではなくなった

　日々の生活の中でも気候変動、異常気象、前例なき災害にいつ見舞われてもおかしくないほど、環境や自然災害の問題は全世界人類共通の重要課題となっている。日本政府は「2050年までに温室効果ガスの排出を全体としてゼロにする」ことを宣言しており、ロードマップや各種法制定、カーボンニュートラルに向けた取組みへの補助事業などさまざまな施策を打ち出しており、国際社会と協調した活動が進められている。

　電力・ガス会社などをはじめとする環境・エネルギー関連企業がすでに経営戦略の根幹として位置付けるのは当然のこととして、温室効果ガス排出量の開示などにおいて関連性の薄い企業であっても、経営課題として意識せざるを得ない状況に突入している。

　従来、「全世界人類の共通課題ではあるものの、自社の業種的には関連性が薄いテーマ」について企業が単独で経営課題に掲げる、というケースはあまりみられなかった。しかしながら、グローバルなサプライチェーンの進展に伴い、業種・業界を超えたメガトレンドに目を向けざるを得ない状況が現在であり、今後さらにその流れは強まっていくだろう。

◆企業を取り巻くあらゆる課題にアンテナを立てる

　環境・エネルギー問題以外にも、「人権や差別の問題」「食糧問題」あるいは「AIなどの技術革新」なども含め、国際的な基準やルールを整備、制定しなければならないテーマが多々出現しており、さらに新たなテーマも今後生じることが予想される。

　このようなメガトレンドにしっかりとアンテナを立て、立ち遅れることのないよう情報収集し、自社での取扱いの検討・策定に努めることが経営企画部門に求められる重要な役割になっている。

　企業として求められる最低限の水準のクリアを目指すのか、同業他社に先駆けて対応していくのか、トレンドの変化をビジネスチャンスと捉えて企業価値向上の一手と位置付けるのかなど、取組み姿勢やポジションの方向性を定めるうえでも経営企画の役割として大きな期待が寄せられるものと考えるべきだろう。

第5章

経営企画部員に必要な知識とスキル

48

メガトレンドからの未来予測
メガトレンドを俯瞰的に理解し、将来の自社への影響を推測する力

◆**長期的かつグローバルに進む、マクロ環境の変化の潮流**

　経営企画部員は経営戦略や事業戦略、組織戦略などを策定するにあたって、メガトレンドと呼ばれる潮流を理解しておく必要がある。メガトレンドとは、「超長期の時間軸で、グローバルの規模で進行するような、マクロ環境の大きな変化」のことである。

　メガトレンドと次節で紹介するマクロ環境分析のフレームワークであるPEST分析との違いは、「個別性」と「時間軸」である。まず「個別性」についてPEST分析で取り上げるべきマクロ環境の変化は、自社に関係があり、かつ戦略を検討するうえで考慮すべき要素である（例えば、「日本では労働力人口が減るので人材確保が課題になる」など）。

　次に「時間軸」についてPEST分析では、戦略策定の期間の中で生じるマクロ環境の変化に注目する。10年後のビジョンを考えるならば、今後10年で起こる経済・社会の変化を整理する。

　これに対してメガトレンドは、地域や業種に限らず、50〜100年間などの超長期間で、かつほぼ確実に起こるとされる変化を整理する。例えば、グローバルの人口増加と先進国での少子高齢化、デジタル化の進展などが挙げられる。

　両者の関連性でいうと、メガトレンドはPESTで把握すべき社会変化の、さらに根底にあるものととらえることができる。メガトレンドを受けて、PESTといった個別の変化が生まれてくるのである。

　また、昨今注目される社会課題も、「メガトレンドのうち、人類にとって解決すべき課題として顕在化したもの」ととらえることができるだろう。

◆**「当社にとっての影響」を推察する力**

　主なメガトレンドやそれがどのようなものかについては、調べればすぐに知ることができる。大手のコンサルティング会社やシンクタンクは、主なメガトレンドを各社Webサイトなどでまとめているが、内容に大きな違いはない（グローバルで間違いなく起こる変化の潮流なので当然であるが）。

経営企画部員にとって重要なのは、メガトレンドを俯瞰的に理解したうえで、「このような変化が進むと、当社の事業に将来どのような影響が生じるのか」を推察する力である。自社の目の前にあるPESTの変化を追うだけでなく、その背景にある大きな変化に目を向けて、より長期の視点で自社の将来の事業を構想する習慣をつけておく必要がある。

図表48　メガトレンドの例と当社事業との関係性

メガトレンドの例

人口構造の変化	●2100年頃までは、世界人口は増加し続ける ●一方で、アフリカを除く多くの国で世界的な少子高齢化が進展する
気候変動	●地球の温暖化などの気候変動が進展する（IPCCによると、2100年には地球の平均気温は最大で約4.8℃上昇*） *「IPCC（気候変動に関する政府間パネル）第5次評価報告書」より
テクノロジーの進化	●デジタル技術、ナノテクノロジーなど、技術の進化・普及が進む ●情報はより拡散しやすくなり、製品やサービスへのアクセスも容易になる
経済の中心の変化	●インドなど新興国を中心としたアジア地域の人口増と経済発展により、世界経済の中心が欧米からアジアに移動する
資源の不足	●人口と経済活動の拡大や、鉱山資源の埋蔵量の減少により、一部の鉱山資源やエネルギーなどが不足する

PEST（政治・経済・社会・技術）の変化／社会課題の発生

産業構造や市場環境の変化

当社の事業への影響（機会/脅威）

49 環境分析のためのフレームワーク
政治・経済の変化や市場・競合の動向等自社を取り巻く事業環境の分析

◆PEST分析 ──外部環境が自社に与える影響を分析する

PEST分析は、企業を取り巻くマクロ環境をPolitics（政治）、Economy（経済）、Society（社会）、Technology（技術）の4つの要因から分析するフレームワークである。4つの要因それぞれの検討対象は以下のとおり。

- P（政治）：政府・官公庁の動向、法律（規制や補助金等）等
- E（経済）：景気動向、為替・金利動向、産業構造の変化等
- S（社会）：ライフスタイル・価値観の変化、人口動態、社会情勢等
- T（技術）：技術革新、研究トレンド等

実際に分析を行う際には、自社のビジネスに大きな影響を与え得る要素に着目する。

◆3C分析 ──客観的な事実から自社の強みと弱みを分析する

3C分析は、「市場・顧客」と「競合」の客観的な事実に基づく状況（外部環境）を「自社」の状況（内部環境）と照らして分析することにより、業界内での勝ち筋（KSF：重要成功要因）を見つけ出し、自社の戦略策定を行うためのフレームワークである。主な分析視点は以下のとおりである。

- 市場・顧客（Customer）：市場と顧客の状況を把握

市場の規模や成長性を分析したのち、顧客層や顧客ニーズ、購買プロセス、購買決定者などを把握する。

- 競合（Competitor）：市場内の競争状況や競合企業の状況を把握

競争相手の市場シェアや特徴（戦略、経営資源、商品・サービス特性、顧客層、販売チャネル、業績パフォーマンス等）などを詳細に分析する。特に、市場での自社のポジションに大きく影響している競合を優先的に把握するほか、新規参入の脅威にも注意を向ける。

- 自社（Company）：自社の強み・弱みを定量・定性から把握

経営方針や戦略の特徴、自社の業績パフォーマンス（売上高・収益性・市場シェア）や経営資源（資本力、商品・サービス特徴、技術力、人材等）、バリューチェーン、サプライチェーンなどを分析する。

図表 49-1　PEST 分析・3C 分析の主な分析要素

◎PEST分析

マクロ環境

Politics（政治）
- 政府・官公庁の動向
- 政権交代
- 法律（規制や改正、補助金）
- 税制
- 格差是正

Economy（経済）
- 経済成長
- 景気動向
- 物価、消費動向
- 為替・株価・金利動向
- 産業構造の変化

Society（社会）
- 環境問題
- 人口動態（少子高齢化等）
- 社会情勢（世論、職業観等）
- ライフスタイル・価値観の変化
- ジェンダー平等

Technology（技術）
- 技術革新、技術開発
- IT活用の動向
- 研究トレンド
- インフラの変化
- 自動化

▶PEST分析は経営学者でマーケティングにおける第一人者フィリップ・コトラー教授が提唱した

◎3C分析

Customer（市場・顧客）
- 市場規模
- 市場の成長性
- 顧客層
- 顧客ニーズ
- 顧客の消費動向
- 購買プロセス
- 購買決定者

Company（自社）
- 経営方針・経営理念
- 商品・サービスの強み・弱み
- 業績（全体、個別事業）
- 経営資源
  （ヒト・モノ・カネ・情報、技術力）
- バリューチェーン
- サプライチェーン

Competitor（競合）
- 競合企業のリストアップ
- 各社の市場シェア推移
- 競合の特徴
  （戦略、経営資源、業績等）
- 新規参入動向
  （他業界も含む）

▶3C分析は元マッキンゼーの経営コンサルタント大前研一氏が提唱した

第5章　経営企画部員に必要な知識とスキル

◆5forces分析 ──業界内の競争環境と収益性を分析する

5forces分析は、自社の収益性の脅威となる環境を「既存企業同士の競争」「買い手の交渉力」「売り手の交渉力」「新規参入者の脅威」「代替品の脅威」という5つの競争要因から捉えることで、業界内での競争優位性や新規参入の可否などを分析するためのフレームワークである。

- **既存企業同士の競争**：競合企業の数が多い、あるいは撤退障壁が高いなどの状況において、既存企業同士の競争は激しくなる。
- **買い手の交渉力**：買い手（顧客、ユーザー、取引先）にとってその業界からの供給への依存度が低い、または買い手にとってのスイッチングコストが低いなどの状況において、買い手の交渉力は大きくなる。
- **売り手の交渉力**：売り手企業（供給業者、仕入れ先）が属する業界が寡占状態である、あるいは売り手にとってその業界への供給の依存度が低いなどの状況において、売り手の交渉力は大きくなる。
- **新規参入者の脅威**：業界内の参入障壁が低いと新規参入企業が多くなり、新規参入者の脅威は大きくなる。
- **代替品の脅威**：代替品とは、その業界が提供する商品・サービスと同程度のものを提供するものである。買い手の代替品へのスイッチングコストが低い、あるいは買い手にとっての代替品の価値が高いなどの状況において、代替品の脅威は大きくなる。

◆SWOT分析 ──強み・弱み・機会・脅威の4つの視点から現状を分析

SWOT分析は、企業の内部環境の「Strengths（強み）」と「Weaknesses（弱み）」、外部環境の「Opportunities（機会）」と「Threats（脅威）」から自社の現状を分析し、戦略立案するためのフレームワークだ。内部環境分析では経営資源や組織の特性など自社の事業活動上の「強み（S）」と「弱み（W）」を、外部環境分析では経済状況・市場動向の変化等自社の事業活動上の「機会（O）」と「脅威（T）」をそれぞれ整理する。そして、次のようにそれぞれを掛け合わせたクロスSWOT分析により、機会を最大化し、脅威を最小化するための戦略を検討する。

- **強み×機会**：強みの最大化に機会を活かす
- **弱み×機会**：弱みの克服に機会を活かす
- **強み×脅威**：強みを活かして脅威を回避する
- **弱み×脅威**：弱みを知り、脅威の最小化を図る

図表49-2　5forces分析・SWOT分析の主な分析要素

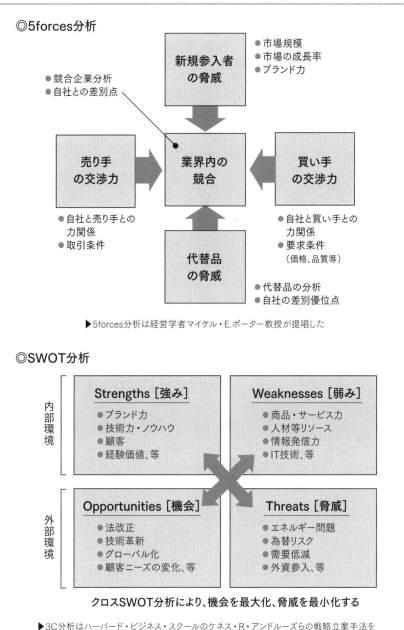

50

戦略策定のためのフレームワーク
意思決定のために市場環境と自社の現状を客観的なデータに基づいて分析

◆競争地位別戦略 ——市場内のシェアから自社の取るべき戦略を考える

　競争地位別戦略は、市場内でのシェアの大小を4つに分類し、それぞれ取るべき戦略が異なることを唱えたフレームワークだ。

- **リーダー企業**：用途提案や販促などによる「需要拡大」、競合企業の模倣等で他社の力を削ぐ「同質化政策」、業界内での価格競争に応じない「非価格対応」などにより他社の追随を許さない戦略方針を取る。認知度の高いブランドにより市場拡大を図りながらシェアを防衛し、規模の経済を活かしてコスト効率化を図る。
- **チャレンジャー企業**：リーダー企業のポジションを追うために圧倒的な差別化を図るほか、競合のシェアを奪いながら徐々に規模拡大していく。
- **フォロワー企業**：リーダー企業などの成功戦略を模倣することで、効率的な利潤確保や経営資源の蓄積を狙う戦略方針を取る。
- **ニッチャー企業**：特定の市場セグメントに経営資源を集中的に投入することで、当該領域でのNo.1の地位を確立する戦略を取る。よって、競合企業が開拓していないニッチな有望分野にいち早く参入することが成功ポイントになる。

◆ポーターの3つの基本戦略 ——競合企業との優位性を考える戦略

　ハーバード・ビジネススクールのマイケル・E・ポーター教授は、企業が競合企業との優位性を築くために次の3つの基本戦略を打ち出した。

- **コスト・リーダーシップ戦略**：広いターゲット層に対して、競合企業よりも低コストで商品・サービスを提供することで競争優位（コスト優位）の確立を目指す（低コストでの生産を意図することは必ずしも低価格で販売する戦略になるわけではない）。
- **差別化戦略**：広いターゲット層に対して、競合よりも魅力的な商品・サービスを提供することで競争優位（差別化優位）を目指す。差別化には製品以外に流通チャネル、マーケティング方法などさまざまある。
- **集中戦略**：狭いターゲット層に対して低コスト化（コスト集中戦略）、

あるいは差別化（差別化集中戦略）された商品・サービスを提供することで競争優位を確立する。

これら3つの基本戦略は、コスト・リーダーシップ戦略を優先すれば、差別化戦略は採用しないなどそれぞれがトレードオフの関係にある。例外的に、トヨタ自動車やファーストリテイリングにみられるように、コスト・リーダーシップ戦略と差別化戦略を両立している企業も存在する。

図表 50-1　競争地位別戦略・3つの基本戦略

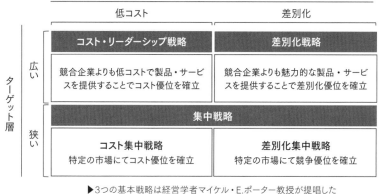

◆STP分析

STP分析は、企業がどの市場をターゲットにして、どのように自社の製品・サービスを位置付けるのか、自社のリソースを鑑みながら、効率的に市場参入するためのマーケティング施策を検討する際に用いられるフレームワークである。

セグメンテーション（Segmentation）で市場を細分化し、ターゲティング（Targeting）でその中のどの市場を狙うべきかを決め、ポジショニング（Positioning）で競合との差別化を図る。

◎セグメンテーション

顧客ニーズなどから市場を細分化するにあたり、大きく以下の4つの切り口がある。

- 地理的変数（ジオグラフィック変数）：地域や都道府県、気候など地理的特性からの細分化。例えば、地方と都市、関東と関西、日本海側と太平洋側、温暖と寒冷など。
- 人口統計的変数（デモグラフィック変数）：性別や年代、家族構成などの人口動態からの細分化。例えば、男性と女性、若者と高齢者、1人暮らしとファミリーなど。
- 心理的変数（サイコグラフィック変数）：価値観や嗜好性など顧客の心理的観点からの細分化。例えば、インドア派とアウトドア派（ライフスタイル）、流行志向と定番志向（嗜好性）、社交的と内向的（パーソナリティ）など。
- 行動変数（ビヘイビアル）：行動特性からの細分化。例えば、ライトユーザーとヘビーユーザー、経済性重視と機能性重視など。

◎ターゲティング

セグメンテーションから自社が狙うべき市場を定めるにあたり、市場規模と市場成長性および競合状況の分析は必須である。

そのうえで、自社のリソースやノウハウに優位性があるかどうかを分析する。

◎ポジショニング

ポジショニングに際しては、当該市場における自社のポジションを明示した2軸のマトリクスによるポジショニングマップを使って整理する。

この2軸は「顧客にとっての価値」と「競合との優位性」という観点から設定する。

図表 50-2 　STP 分析

①セグメンテーション ▶ 市場を顧客ニーズや性質の観点から細分化する

地理的変数（ジオグラフィック変数）	地域・都道府県・気候など
人口統計的変数（デモグラフィック変数）	性別・年代・家族構成など
心理的変数（サイコグラフィック変数）	ライフスタイル・嗜好・パーソナリティなど
行動変数（ビヘイビアル）	利用頻度（未使用・ライトユーザー・ヘビーユーザー）や求める効用（経済性・機能性・名声）など

②ターゲティング ▶ 細分化した市場で自社が狙うターゲットを定める

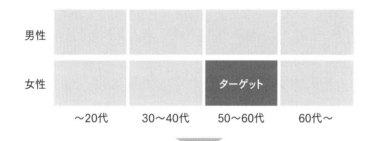

③ポジショニング ▶ ターゲット市場において自社のポジションを定める

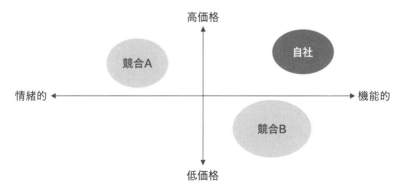

▶ STP分析は経営学者でマーケティングにおける第一人者フィリップ・コトラー教授が提唱した

◆4P分析 —— 顧客に商品・サービスを効果的に提供するための戦術

　4P分析は、企業が選択した市場ポジショニングにおいて、どのように顧客に商品・サービスを販売するのかを「Product（製品）」「Price（価格）」「Place（流通チャネル）」「Promotion（販促活動）」という4つの指標からマーケティング戦術を検討するフレームワークである。

　この4つの指標は競合との差異化を図るうえで大事になるが、それ以上に重視にしなければならないのが、「顧客にとって価値を提供できているか」という視点である。

　4Pの検討要素は以下のとおりである。

- Product（製品）：どのような商品・サービスを提供するか。例えば、提供価値、ブランド、製品パッケージ、製品群など。
- Price（価格）：いくらの価格なら顧客から受容されるか。例えば、製品価格、価格政策（値上げ・値下げ方針）など。
- Place（流通チャネル）：どのように商品・サービスを顧客・ユーザーに届けるか。例えば、販売経路、物流、利用する流通業者など。
- Promotion（販促活動）：どのように商品・サービスを顧客に認知させるのか。例えば、利用媒体、広告表現、広告内容など。

　4P分析は米国のマーケティング学者エドモンド・ジェローム・マッカーシーが1960年代に提唱したが、4Pは形のあるモノを前提としており、サービス業においてはその4つを補足する指標が必要になった。

　そこでフィリップ・コトラーはマッカーシーのフレームワークに、販売員等の「People（人員）」、販売や業務の流れである「Process（販売プロセス）」、顧客・ユーザーから信頼・信用・安心を得るための「Physical Evidence（物的証拠）」の3つの指標を加えて7P分析を提唱した。

- People（人員）：従業員や委託業者のスキルは顧客に付加価値を提供できているレベルか。例えば、接遇・接客、アフターサービスなど。
- Process（販売プロセス）：顧客のサービス認知から支払い、アフターフォローまで高い顧客満足度を実現できているか。例えば、サービス認知の手法、Webサイトのユーザビリティ、料金の支払い方法など。
- Physical Evidence（物的証拠）：サービスの信頼度や魅力度を高める施策を提供できているか。例えば、店舗の清潔感、使用材料の生産地表示、資格証明書の掲示など。

図表50-3　4P分析と7P分析

◎4P分析（7P分析）

	検討視点	検討要素
Product 製品	どのような製品を提供するのか	● 製品の提供価値・ブランド ● 製品パッケージ・製品ラインの広さ
Price 価格	いくらで製品を提供するのか	● 製品価格 ● 価格戦略（値下げ・値上げ方針）
Place 流通チャネル	どのように製品を提供するのか	● チャネルの幅・長さ ● 利用する流通業者
Promotion 販促活動	どのように製品を宣伝・広告するのか	● 利用媒体 ● 広告表現・広告内容
People 人員	従業員のスキルは顧客に付加価値を提供できているレベルか	● 接遇・接客 ● アフターサービス ● 問い合わせ対応など
Process 販売プロセス	サービス認知からアフターフォローまで顧客満足を提供できているか	● サービス認知の方法 ● Webサイトのユーザビリティ ● 料金の支払い方法など
Physical Evidence 物的証拠	信頼度や魅力度を高める施策を提供できているか	● 店舗の清潔感 ● 食材の生産地表示 ● 資格証明書の掲示

◎4P分析（7P分析）で大切にしたい4つのコンセプト

Customer Value（顧客にとっての価値）

Cost（顧客が負担するコスト）

Convenience（顧客にとっての利便性）

Communication（顧客とのコミュニケーション）

第5章　経営企画部員に必要な知識とスキル

◆バリューチェーン分析 ── 企業活動の基盤機能の付加価値を分析

バリューチェーン分析は、事業活動を機能ごとに分類し、どの領域（機能）で付加価値が生み出されているのかを分析するフレームワークである。主活動（購買物流、製造、出荷物流、販売・マーケティング、サービス）と支援活動（全般管理、人事・労務管理、技術開発、調達活動）の大きく2領域から分析する。

分析にあたり、まずは機能ごとのコストを洗い出し、強みと弱みを検証する。そのうえで、機能間の相互依存関係の状態をみる。各機能がうまく連携することで事業全体の付加価値が増し、収益（利益）の拡大化が図れる、つまり各機能の価値の連鎖が目的どおり果たされるかを検証する。それが目的どおりであれば、持続的な競争優位を築くことになる。

例えば、販売・マーケティグ活動のデータ化から需要予測を精緻に行うことで、ムダを省いた購買物流活動を行えるシステムの構築につながることで生産性は格段に向上する。

◆VRIO分析 ── 自社の経営資源の競争力を分析

VRIO分析は、自社が保有する経営資源の競争力を「Value（経済価値）」「Rarity（希少性）」「Imitability（模倣困難性）」「Organization（組織）」の4つの視点から分析し、機能の強化や改善に資するフレームワークである。これらを「経済価値」から「組織」の順に評価することで、バリューチェーンのどの機能の経営資源を調整すると競争優位性が発揮できるかを明らかにする。

- 経済価値（V）：保有する経営資源を外部環境の機会の活用や脅威の回避をしたりすることで経済的価値を生み出せるかという要素。
- 希少性（R）：保有する経営資源を競合他社が保有しているかどうかという要素（その経営資源を保有する企業が少ないほど希少性は高まる）。
- 模倣困難性（I）：保有する経営資源を他社が模倣するには相当なコストや労力が必要になるかどうかという要素。この場合の経営資源とは、例えば創業時から培われたノウハウやネットワーク、ビジネス慣習、特許などがあり、これらは「模倣障壁」という。
- 組織（O）：保有する経営資源が活用できる組織体制が十分に構築されているかどうかという要素。

図表 50-4　バリューチェーン分析・VRIO 分析

◎バリューチェーン分析

支援活動	全般管理（インフラストラクチャー）					マージン
	人事・労務管理					
	技術開発					
	調達活動					
主活動	購買物流	製造	出荷物流	販売・マーケティング	サービス	

企業における各事業活動を価値創造のための一連の流れ（Value Chain）として捉え、それぞれの活動がどのように全体の価値に貢献しているかを体系的に整理・分析するためのフレームワーク。生産から販売・アフターフォローまでの一連の流れを主活動、その主活動をバックオフィス業務などにより支えるのが支援活動であり、後工程へとプロセスを経た最終にマージン（利益）が生じることを視覚化する。

▶バリューチェーン分析は経営学者マイケル・E・ポーター教授が提唱した

◎VRIO分析

経済価値 Value	その経営資源を保有していれば、外部環境の機会を活用したり、脅威を回避したりできるのか
希少性 Rarity	その経営資源を保有している企業はどの程度存在するのか
模倣困難性 Imitability	その経営資源を獲得・開発するためにどの程度コストがかかるのか
組織 Organization	その経営資源を活用するための組織体制がどの程度十分に構築されているのか

この4つを順番に充足させることで持続的な競争優位が図れる

▶VRIO分析は経営学者ジェイ・B・バーニー教授が提唱した

第5章　経営企画部員に必要な知識とスキル

51 資源配分のためのフレームワーク
強いポートフォリオを構築するための経営資源の最適配分

◆**PPM分析 ——市場成長率と市場占有率から事業戦略の打ち手を考える**

　PPM分析（Product Portfolio Management Analysis）は、縦軸に市場成長率、横軸に相対的市場シェア（自社のシェア÷最大競合企業のシェア）の2軸をとった4象限のマトリクス上に自社の事業や商品・サービスを分類し、ポートフォリオの全体像から経営資源の投資配分を検討して戦略を立てるフレームワークである。

　マトリクス上の①花形、②金のなる木、③問題児、④負け犬の4つに分類された各事業や商品は、それぞれに適した戦略がある。

- ●**花形**：市場シェアが高い主力事業のため多大に利益貢献している一方で、成長率の高い市場で競争に打ち勝つ施策をとることからキャッシュの流入と流出がともに多い。シェアの維持・拡大には投資の継続が必要。
- ●**金のなる木**：成長率が低い市場で高いシェアを有しているので競争にさらされず安定した利益が確保できる。キャッシュの流入が多く流出が少ないので、当該事業をはじめ投資が必要な他の事業にキャッシュを振り分けることができる。
- ●**問題児**：市場成長率が高いため競争が激しい一方で、利益創出に課題を抱える事業。シェア維持のための投資継続により、キャッシュの流出が多く流入が少ない。利益を生み出す仕組みづくりにより「花形」へのポジションチェンジが検討される。
- ●**負け犬**：成長率もシェアも低い事業撤退の候補。成長が見込めない市場のため投資は必要としない代わりに利益の拡大も見込めない、キャッシュの流入と流出がともに少ない事業。ただ、アナログコンテンツがデジタル化により急伸したように、外部環境の変化によって高収益事業になる可能性を秘めている場合もあり、その見極めが大事になる。

　PPM分析による理想のポートフォリオ戦略は、「金のなる木」から生み出される余剰キャッシュを「問題児」を「花形」に育て上げることや、「花形」の市場シェアの維持・拡大を図ることへの活用だ。ただし、事業間の

シナジーが考慮されていないことや、既存事業の分析のため、新規事業の検討には適さないことなどに留意が必要だ。

図表 51-1　PPM 分析

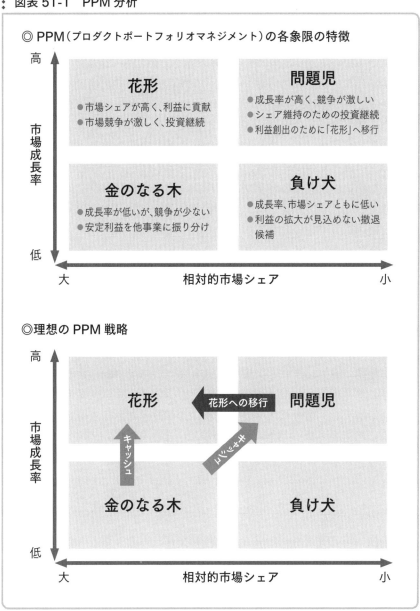

◆PLC分析 ──商品・サービスの上市から衰退までの時間的推移の分析

　PLC分析（Product Life Cycle Analysis）は、商品・サービスが市場に投入されてから衰退するまでの時間的推移を「導入期」「成長期」「成熟期」「衰退期」の4段階から捉えるフレームワークである。

- ●**導入期**：商品・サービスが開発され、市場に投入される初期段階。まだ一般消費者への認知度は低い。企業の売上は低く、利益はマイナスの状況である。他方、競合企業の数は少なく、企業間の競争は穏やか。この段階における企業の戦略課題は、市場開拓・需要創出であり、商品・サービスの説明を重視した消費者とのコミュニケーションが求められる。

- ●**成長期**：商品・サービスが顧客に認知され、市場に浸透し始める段階。顧客の商品・サービスへの知識が高まる。企業の売上・利益は拡大し続け、成長期後期にかけてピークに達する。他方、競合企業の増加にしたがい、企業間の競争が激化する。この段階における企業の戦略課題は、他社との差別化であり、競合企業より魅力的な商品・サービスを展開していくことが求められる。

- ●**成熟期**：商品・サービスが市場にひととおり浸透し、市場の成長が停滞する段階。企業の売上・利益は高止まりとなる。他方、競合企業の数は成長期よりも減少するが依然として多く、シェアの奪い合いが行われる。この段階における企業の戦略課題は、もちろんシェアの維持・奪取であり、自社のシェアを守りながらも状況に応じて競合企業のシェアを奪いにいくことが求められる。

- ●**衰退期**：商品・サービス需要の減衰に伴い市場が縮小する段階。企業の売上・利益は急激に減少する。他方、競合企業数は撤退する企業に伴い減少し、競争は穏やかになる。この段階における企業の戦略課題は、撤退あるいは残存（市場に残ることで残存者利益を確保する）であり、自社の方針や競合企業の動向を見極めながら選択することが求められる。

　ただし、すべての商品・サービスが上記のサイクルを辿るわけではないことに注意が必要だ。

　市場投入時は新鮮さが好感され一時的なブームとなるものの成長期を迎えることなく衰退する商品・サービス（メディアで火がついた一時的なヒット商品）や成長期と衰退期を繰り返す商品・サービス（リニューアル商品）、成熟期を維持し衰退期が訪れない商品・サービス（ロングセラー商品）もある。

図表 51-2　PLC 分析

◎ PLC（プロダクトライフサイクル）

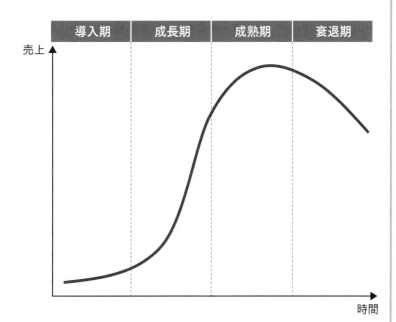

	導入期	成長期	成熟期	衰退期
売上	低い	拡大	高止まり （減少へ）	減少
利益	マイナス	拡大 （ピークに）	高止まり （減少へ）	減少
競合	少ない	増加	多い	減少
戦略 課題	市場開拓・ 需要創出	差別化	シェアの奪取	撤退・残存

- ただし、半世紀以上にわたって売れ続けるロングセラー商品は PLC に当てはまらない
- そうした商品には、追随を許さないほどの圧倒的な差別化や歴史が培った強いブランド力といった特徴がある
- その一方で、近年、ITによる技術革新によってPLCの周期が短期化している傾向がある

52

財務会計の基本
日々の取引を仕訳する「会計処理」、会計処理の結果の「財務諸表」

◆財務会計と経営企画部

財務会計は、会社の業績を投資家や取引先等外部の関係者に報告することが目的の会計である。日々の取引を仕訳して「会計処理」し、会計処理した結果を「財務諸表（決算書）」として作成し公表する。

企業の財務状態や経営状態を数値から把握するためにも、経営企画部門が「財務諸表の読み方」を知ることは極めて重要である。なお、簿記の知識習得を通じて会計処理の基本的なルールを知ることは財務諸表の理解を促進する。

◆財務諸表の意義

財務諸表は、企業の経営状況（財務状況）を外部に示す財務報告書類のこと。企業の一時点の資産・負債・純資産の状況を示す「貸借対照表（Balance Sheet、B/S）」、企業の一定期間の収益・費用の内訳を示す「損益計算書（Profit and Loss Statement、P/L）」、企業の一定期間の現金及び現金同等物の動きを示す「キャッシュフロー計算書（Cash Flow Statement、C/F）」、企業の一定期間の純資産（株主の持分に相当する部分）の変動要因を示す「株主資本等変動計算書（Statements of Shareholders' Equity、S/S）」から成る。

財務諸表は一定の会計基準に基づいて作成され、金融商品取引法、会社法といった各法律に基づいて株主等の利害関係者に報告・開示される（ただし、会社法では財務諸表のことを「計算書類」と呼び、キャッシュフロー計算書も作成されないなど用語・定義は若干異なる）。

投資家・株主や債権者からしてみれば、自身が拠出した資金がどのように利用され、リターンが得られるかどうかを判断したいと考えるため、一定のルールに沿って経営状況を明らかにする必要がある。

基本的には同じルールでつくられるため、過去からの経営成績の推移分析や競合他社との比較分析などに活用しやすい。その中でも最も基本的な書類が、貸借対照表と損益計算書である。

170

図表 52-1　財務諸表の概要

◎財務諸表の一覧

財務諸表の名称	書類の意味
貸借対照表　B/S Balance Sheet	企業の一時点の資産、負債、純資産の状況を示すもの
損益計算書　P/L Profit and Loss Statement	企業の一定期間の収益、費用の内訳を示すもの
キャッシュフロー計算書　C/F Cash Flow Statement	企業の一定期間のキャッシュ(現金及び現金同等物)の動き(増減)を示すもの
株主資本等変動計算書　S/S Statements of Shareholders' Equity	企業の一定期間の純資産/株主資本の変動要因を示すもの

- 財務諸表は、金融商品取引法により上場企業に作成義務が規定されている。上記の書類の内容を補足する「附属明細表」の作成も必要となる。附属明細表は、有形固定資産、引当金等の明細などになる
- なお、上場企業以外は会社法により上場企業でいう財務諸表にあたる「計算書類」の作成が義務付けられるが、キャッシュフロー計算書は求められない

◎財務諸表の必要性

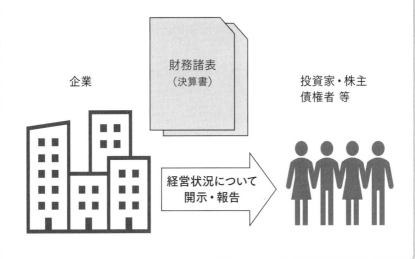

第5章　経営企画部員に必要な知識とスキル

◆貸借対照表の基本

　貸借対照表は一時点における企業の保有する「資産」とその資産の調達源泉・帰属先である「負債・純資産」を表した書類である。一時点というのは、例えば決算期末（日本においては多くの企業で毎年3月31日が年度の決算期末）時点を指す。

　貸借対照表は概念的には左側（これを会計用語で「借方」という）に資産が記載されていて、右側（同様に「貸方」という）に負債と純資産（厳密には異なるが初期的な理解としては純資産＝株主の持分）が記載されている。「概念的には」というのは、実務上必ずしも左右に分かれて記載されていないケースもあるためである。

　資産の合計額と負債・純資産の合計額（つまり左右）は常に一致する仕組みになっている。左右がバランスするため、Balance Sheetと呼ばれる。

　資産は、「流動資産」と「固定資産」に分かれる。流動資産は現預金とそれに近いものであり、「現預金」「売掛金」「在庫（販売してキャッシュ化するもの）」などが含まれる。固定資産は「土地・建物」など事業を行っていくために長期にわたって保有する資産が該当する。負債はその返済・支払期日の長短をベースに「流動負債」と「固定負債」とに分かれる。

◆損益計算書の基本

　損益計算書は、「ある期間の収益と費用、及び収益から費用を引いた利益額」を示したものである。損益計算書をみることで、「ある期間に業績がよかったかどうか」を知ることができる。

　最低でも1年に一度（3月31日決算の企業であれば、20X4年4月1日〜20X5年3月31日までの1年間）、年度の業績について損益計算書を作成することになる。企業によっては、四半期や月次単位で作成することもある。

　損益計算書には、収益からどの費用を差し引いた段階の利益かという点で複数の利益項目が出てくる。売上から原価を引いたものを「売上総利益」といい、「売上総利益」から営業にかかるコストや管理コスト（販売費及び一般管理費）を差し引いたものを「営業利益」という。本業の稼ぎはこの営業利益でみる。利息の支払などを含む営業外の収益、費用を足し引きしたものが「経常利益」、特別利益、特別損失を足し引きしたものが「税引前当期純利益」、法人税等を差し引いたものが「当期純利益」となる。

図表52-2　貸借対照表と損益計算書の概念図

◎貸借対照表（B/S）

20X5年3月31日

	流動資産	流動負債	
資産の部	現金及び預金 売掛金 棚卸資産 …	買掛金 短期借入金 …	負債の部
		固定負債	
	固定資産	長期借入金 …	
	建物 機械 土地 …	純資産	純資産の部
		資本金 利益剰余金 …	
資産合計		**負債純資産合計**	

◎損益計算書（P/L）

20X4年4月1日〜20X5年3月31日

損益計算書項目	説明
売上高	・当期の「売上」の合計額
売上原価	・売上に対応する商品・製品の原価
売上総利益	・売上から売上原価を差し引いたもの、粗利益
販売費及び一般管理費	・営業活動・管理活動に要するコスト
営業利益	・売上総利益から販管費を差し引いたもの、本業の稼ぎ
営業外収益	・受取利息や配当金など、本業外の収入
営業外費用	・支払利息などの金融費用、その他本業外の費用
経常利益	・営業利益に営業外収益費用を加味した利益
特別利益	・臨時的な利益、固定資産売却益など
特別損失	・臨時的な損失、固定資産売却損、災害損失など
税引前当期純利益	・経常利益に特別損益を加味した利益
法人税等	・法人税、住民税及び事業税
当期純利益	・税引前利益から法人税等を差し引いたもの、最終利益

第5章　経営企画部員に必要な知識とスキル

53

ファイナンスの基本

日々の事業継続に必要な「運転資金」、設備への投資に必要な「設備資金」

◆運転資金と設備資金のファイナンス（資金調達）

　事業を拡大していくためには、設備や材料の購入などさまざまな場面で資金が必要になる一方、お金が入ってくるのは商品・サービスが実際に売れてから（場合によっては売れて一定期間が経過してから）になるので、その間の必要資金は投資家、金融機関などから調達しなければならない。

　適切な資金調達を行う前提として、まずは「どんなときに資金調達が必要になるか」を知り、一方で「どんな資金の出し手が存在しているか」を知ることが重要である。

　そして、調達する資金は、「運転資金」と「設備資金」に分けられる。

　運転資金とは、仕入代金の支払い、従業員給与の支払い、家賃の支払いなど「日々の事業継続に必要な資金」のこと。すべての取引が現金で行われていれば、事業が黒字であるかぎり日々の費用の支払もできるはずだが、実際には売上が入金されるまでには時間を要することから、運転資金の調達が必要になる。

　設備資金とは、機械・建物などの「設備への投資に必要な資金」のこと。設備投資は多くの場合、中長期的な収益へ貢献するものであるため、中長期の期限で調達し、将来の収益から少しずつ回収・返済していくことになる。これに類するものとして、企業そのものを買収する「M&A投資に要する資金」がある。

◆資金の出し手

　必要資金の出し手の代表格が金融機関、とりわけ銀行である。運転資金や安定した事業の設備資金などは銀行から調達することが多い。なお銀行は、銀行法の下、預金者の保護・健全経営を行うことが重視されるため、リスクの高い企業／使途に資金を貸し付けることはできない。

　そこで、金融機関の設定する限度枠を超えるような資金の調達やスタートアップ企業が将来の成長のための赤字資金を調達する場合には、株式を発行して投資家から資金を集めることになる。

銀行に対しては資金調達の見返りとしてあらかじめ定められた利息を支払うが、株主に対しては利益が出た際に支払う配当、あるいは業績向上による株式価値の向上で報いることになる。当然、後者（株式による資金調達）のほうがリスクが大きい分だけ要求されるリターン（資本コスト）も大きい。

図表 53　資金の出し手とその内容

	銀行/債権者	投資家/株主
資金の 提供方法	融資・貸付 （会社にとっては借入金）	投資・出資 （会社にとっては資本金）
資金の 回収方法	●利息の受け取り ●元本の返済	●配当金の受け取り ●他人への株式（所有権）の譲渡
元本	●期限が到来したら返済される	●原則として払い戻されない（資本維持の原則）
資金提供の 見返り	●利息（あらかじめ定められた利率）	●配当（利益の分配） ●株式の値上がり益
特徴	●会社が倒産しないかぎり、あらかじめ定められた利息を受け取ることができ、元本も返済される ↓ **ローリスク・ローリターン**	●利益が出れば大きなリターン（配当、売却益）を得られる一方、利益が出なければリターンが得られない（ゼロになりうる） ↓ **ハイリスク・ハイリターン**

54

デジタル技術の最新動向の把握
DX に対応するためのガイドライン『デジタルガバナンス・コード』

◆デジタル技術と企業経営

　近年、企業経営とデジタル技術の活用は切り離せなくなっている。デジタル技術を活用していかにオペレーションを効率化するか、また新しいビジネスモデルを生み出すことができるかどうかは、企業の競争優位性に大きく影響する。

　また昨今では、コンテンツ産業における、映画・TV番組・音楽をオンラインのストリーミングサービスで提供する業者の台頭にみられるように、既存の産業がデジタル技術を活用した新しいビジネスモデルや仕組みによる破壊的変化によって代替されてしまう「デジタルディスラプション」という現象が起きている。

　経営企画部としては、デジタル技術が業界や自社にどのような影響を与えうるのか、またその中で自社のビジネスモデルを今後どのようにアップデートできる可能性があるのかを検討するために、デジタル関連の最新動向を把握しておかなくてはならない。

◆DX推進にあたっての経営企画部の役割

　こうした流れのなか、経済産業省はデジタル技術による社会変革の到来を見越して、DX（デジタルトランスフォーメーション）に関する経営者の対応を『デジタルガバナンス・コード』というガイドラインにまとめて公表している。

　同ガイドラインでは、企業はデジタル技術に起因する自社の機会・リスクを踏まえてビジョンを策定し、ビジネスモデルの設計を行い、それらを価値創造ストーリーとして開示することを求めている。また、経営者の役割として、事業部門やITシステム部門と協力しながら、デジタル技術にかかわる動向や自社のITシステムの現状を踏まえた課題を把握・分析し、戦略の見直しに反映していくべきとしている。

　経営企画部としてDXに関わる際には、まさに『デジタルガバナンス・コード』で示されている経営者の役割をサポートすることが求められる。

具体的には、企業全体の視点からデジタル技術が自社にどのような機会や脅威をもたらすのか、それらを踏まえるとどのようなあるべき姿が考えられるのか、そのために何をするのかを、事業部門やIT部門の橋渡し役となりながら検討する。

図表 54　経済産業省『デジタルガバナンス・コード』(抜粋)

1. ビジョン・ビジネスモデル
(1)基本的事項
①柱となる考え方
● 企業は、ビジネスとITシステムを一体的に捉え、デジタル技術による社会及び競争環境の変化が自社にもたらす影響(リスク・機会)を踏まえた、経営ビジョンの策定及び経営ビジョンの実現に向けたビジネスモデルの設計を行い、価値創造ストーリーとして、ステークホルダーに示していくべきである。
②認定基準
● デジタル技術による社会及び競争環境の変化の影響を踏まえた経営ビジョン及びビジネスモデルの方向性を公表していること。

経済産業省『デジタルガバナンス・コードv2.0』(2022年改訂版)
1-(1)-①、②より

4. ガバナンスシステム
(1)基本的事項
①柱となる考え方
● 経営者は、デジタル技術を活用する戦略の実施に当たり、ステークホルダーへの情報発信を含め、リーダーシップを発揮するべきである。
● 経営者は、事業部門(担当)やITシステム部門(担当)等とも協力し、デジタル技術に係る動向や自社のITシステムの現状を踏まえた課題を把握・分析し、戦略の見直しに反映していくべきである。また、経営者は、事業実施の前提となるサイバーセキュリティリスク等に対しても適切に対応を行うべきである。
[取締役会設置会社の場合]
● 取締役会は、経営ビジョンやデジタル技術を活用する戦略の方向性等を示すにあたり、その役割・責務を適切に果たし、また、これらの実現に向けた経営者の取組を適切に監督するべきである。
②認定基準
● 経営ビジョンやデジタル技術を活用する戦略について、経営者が自ら対外的にメッセージの発信を行っていること。
● 経営者のリーダーシップの下で、デジタル技術に係る動向や自社のITシステムの現状を踏まえた課題の把握を行っていること。
● 戦略の実施の前提となるサイバーセキュリティ対策を推進していること。

経済産業省『デジタルガバナンス・コードv2.0』(2022年改訂版)
4-(1)-①、②より

55

法務の基本
必ずしも法律の専門家である必要がなく、弁護士等専門家との連携が大事

◆**経営企画部門にとっての法務知識**

　会社が存続するうえで、経営と法律は切っても切り離せない。経営企画部が直面する、法律が関係する事案には次のようなものがある。新規事業展開、企業買収、グループ内組織再編、資本提携、業務提携、子会社・事業の売却・撤退、不祥事。

　また平時でも、株主総会運営、取締役会運営、法定開示、コンプライアンス、リスクマネジメントの対応に法律が絡む。

　ただし、経営企画部として必ずしも個々の法律への深い知識が必要ということではなく、弁護士等専門家と連携しながらルールに則り、課題解決が図れる基本的な知識を理解しておくことが大事である。いわゆる経営のリスク回避となる法律の勘所を把握しておくということである。

　必要知識を身につける際、まずは全体感や幹となる部分を押さえ、詳細部分にこだわりすぎないようにする。各法律の目次をみてどんな内容が含まれているか、どれがよく使われているか、といった概要の把握からはじめるのでもよいだろう。

◆**経営企画部門に求められる法務知識**

　全業種共通して、「民法」「会社法」「労働法」そして金融商品取引法適用企業は「金融商品取引法」は押さえておくようにしたい。

　また、業種に応じて各種業法は必要になる。建設業であれば「建設業法」、銀行であれば「銀行法」、また知的財産権を有する場合は「知的財産法（知財法）」などだ。

　この中でも特に使用頻度が高く理解が必要な法律は「会社法（「商法」含む）」である。経営企画部門では会社法を使用する場面は多いといえ、平時では会社運営全般（株主総会運営、取締役会運営）、役員に関してはコーポレートガバナンス分野などがある。

　また、組織再編や社債発行・増資を含めた財務活動上の意思決定を行うコーポレートアクションに関する分野は経験が少なければ全体像がつかみ

178

にくく、理解が浅くなりがちである。しかし、コーポレートアクションは突然起こることや対応せざるを得ない場面も多い。そのため、他社事例を参考にしておくなど平時から全体像の把握に努めておけば、いざ発生した際の対応に戸惑うことがなくなる。

さらには、能動的にコーポレートアクションを起こせる知識を備えることができていれば、戦略の意思決定の選択肢が増え、企業価値の向上に資することができる。

図表55　経営企画部に求められる法務知識体系

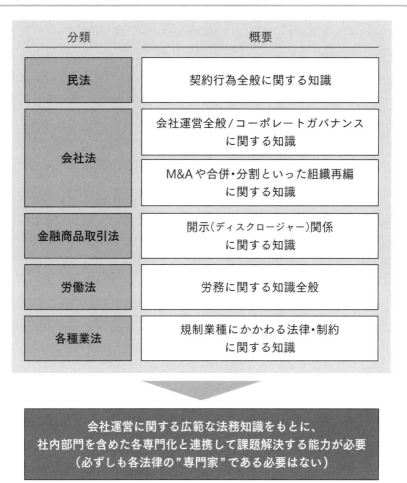

56 プロジェクトマネジメントの基本
プロジェクトマネジャーとしての継続的なモニタリングと問題解決

◆経営企画部の仕事の多くはプロジェクトマネジメント

　プロジェクトとは、特定の目的を達成するために個別に発生する、有期限の業務のことである。

　通常、会社の中の業務は、決められた一定のルールや業務プロセスの中での業務を反復的かつ継続的に行う。

　一方でプロジェクトとは、通常業務では対応できない目的を達成するために一定の期間を区切って、個別に業務を設計して行うものである。よって、通常業務以外の個別業務はすべてプロジェクトといっても差し支えない。そしてプロジェクトマネジメントは、プロジェクトを発足させ、計画を立て、実行し、目的を達成するまでの一連の活動を管理することである。

　経営企画部の仕事の多くはプロジェクトである（むしろ、経営企画部なのに反復業務しかしていないのであれば、経営企画部の役割や業務を見直したほうがよい）。

　したがって、プロジェクトマネジメントは、経営企画部にとって最重要スキルの1つといえる。それどころか、困難なプロジェクトをマネジメントできる部員がいることで経営企画部全体のパフォーマンス、さらには企業全体の変革力や戦略実行力を向上させると言っても過言ではない。

◆「ゴール設定」と「実行・モニタリング」フェーズのコミット

　分野を問わず、プロジェクトマネジメントは図表56②に示すように「現状分析・ゴール設定」→「計画立案」→「実行とモニタリング」の3段階に分かれる。このうち、「計画立案」に注力しがちなことが多く見受けられるが、経営企画部としてはとりわけ「ゴール設定」、そして「実行とモニタリング」に力を入れるようにしたい。

　「ゴール設定」が重要なのは、プロジェクトが思うように進まないとき、「そもそもこのプロジェクトは何のためにやっているのか」「何を達成すればゴールなのか」を問い直すことが必要になるからである。

　また、「実行とモニタリング」の段階では、経営企画部が単なる調整役

（よく「事務局」と呼ばれる）に落ち着いてしまい、進行プロセスで問題が生じた際に責任の所在が曖昧となり、解決できないケースがある。

そこで経営企画部はプロジェクトマネジャーとして、進捗に遅れがないか、潜在的なリスクがないかを絶えずモニタリングし、問題が生じた際には時に自ら解決に向けて動くことが求められる。

図表56　プロジェクトマネジメントの概要

①通常の業務とプロジェクトとの違い

通常の業務		プロジェクト
反復的	**タスクの特性**	プロジェクトごとに独自
業務があるかぎり継続的	**期間**	有期限
固定的	**組織・人材**	流動的
安定的	**取り巻く環境**	変化が激しい
プロセスの順守・一貫性	**重視されること**	目的達成のために プロセスを見直す

②プロジェクトマネジメントの基本ステップと経営企画部の役割

現状分析・ゴール設定

- 取組みの背景と意義の整理
- 現状の問題意識・課題の整理
- ゴールの設定

計画立案

- タスクとスケジュールの設計
- 予算の確保
- 投資対効果の試算
- 人的リソースの確保

実行とモニタリング

- プロジェクトの進捗管理・課題管理
- 問題解決
- 関係者間の調整、追加のリソース確保

57

ロジカルシンキングの基本
ものごとの論理的なつながりを捉え、筋道を立てて結論を導く思考法

◆簡潔で的確な説明のためのロジカルシンキング

　ロジカルシンキング（論理的思考法）とは、ものごとの論理的なつながりを捉え、筋道を立てて結論を導く思考法のことである。複雑な問題を整理して解決したり、意思決定を行ったり、またこれらのプロセスにおいて他者と齟齬なくコミュニケーションを取ったりするために有効な思考法といえる。社内外のさまざまな関係者に簡潔で的確な説明が求められる経営企画部員には必須のスキルである。

◆問題の構造化

　ロジカルシンキングで特に重要なのは、個々の要素の関係を整理して構造的に捉えること（構造化）である。

　構造化とは、複雑な事象や問題を考えやすい問題にシンプルに分解していくことである。その際によく用いられるフレームワークが「MECE」である。これは、"Mutually Exclusive and Collectively Exhaustive" の頭文字をとったもので、「漏れなくダブりなく」と意訳される。例えば、日本人を年代別に整理するとき、10代以下・20代〜30代・40代〜50代・60代以上の場合、モレもダブりもない。このうち、10代以下の受験生の整理で、小学生・中学生・高校生・予備校生・大学生とした場合、幼稚園受験や小学校受験の幼児のモレがあり、いわゆる浪人ということではなく予備校に通う高校生はダブることになる。

　このように、俯瞰的にものごとを捉え、不備やムダを排除して合理的に問題解決を図るうえで重要なフレームワークがMECEである。

◆「雲・雨・傘」を意識した伝え方や問題整理

　また、報告や説明を行ううえで、「事実」「推論・解釈」「意見」を明確に区別することが重要とされる。これを説明する際によく用いられるのが、「空に雲が出てきて雨が降りそうだから、傘を持って行ったほうがよい」という「雲・雨・傘」の問題解決フレームワークである。

ここには、「雲が出てきた」という事実、「(雲が出てきたので)雨が降りそう」という推論・解釈、「傘を持って行ったほうがよい」という意見が一連の流れとして論理的に整理されている。ものごとを整理して伝えるだけではなく、問題解決やアイデア発想する際にもこの3つを意識して行うとすっきりとした整理が行える。

図表 57　ロジカルシンキングの主な手法

構造化	● 複雑な事象や問題を全体の構造と要素の関係性を意識しながら分解して整理すること ● MECE、ロジックツリー、ピラミッドストラクチャーなどのフレームワークが有名
因果推論	● データや事実をもとに原因と結果の関係(=「因果関係」)を推論して統計的に分析すること ● 投下広告費に対する売上結果の把握など広くビジネスで活用されている
演繹法 / 帰納法	● 演繹法(えんえきほう)は一般的な事象から共通項を見出し特定の結論を導く方法 ● 帰納法(きのうほう)は具体的な事例から法則を見出し結論を導く方法
合理的思考	● 感情やバイアスを排除し、目的に向けて筋道を立てながらムダなく結論を導く思考法 ● 論理的思考法を包含した考え方であり、現実に沿った問題解決や企画立案などに有効
論点思考	● 解くべき問題・問い(=「論点」)を明確にして、その論点に焦点を当てながら解決策を導いていく思考法 ● 問題発見とその解決のための思考法

58

論点思考と仮説思考の基本
業務効率化につながる問題解決や意思決定のための合理的な思考法

◆問題解決が経営企画部の重要な役割

　経営企画部の役割を一言でいうならば、企業で生じるさまざまな問題解決を担うことである。例えば、ビジョンや経営戦略の策定、中期経営計画の策定・実行は全社規模の問題解決であるし、日常的に対処すべき個々の経営課題や各種プロジェクトへの取組みも問題解決といえる。

◆意思決定を導く論点思考

　その問題解決のための重要なツールの1つに「論点思考」がある。論点思考とは、解くべき問題（＝論点）を明確にして、その論点に焦点を当てながら解決策を導いていく思考法である。課題に対してどうすれば解決できるのかを導くためには、そもそもの論点を正しく定義しなければならないことがポイントになる。

　新規事業としてフィットネス事業に参入するかどうかを経営企画部が中心となってプロジェクトとして決定する場面で考えてみよう。この場合、意思決定をするために解くべき問題（＝論点）は、「当社はフィットネス事業に参入すべきか？」である（図表58-1②）。

　このような議論を始めると、プロジェクトの参加者から質問や疑問がさまざまに投げかけられる。これらにすべて答えるとすると、各種の情報を集めて分析し、それらを踏まえての議論だとかなり時間を要することになる。ここでもし焦点が定まらない議論となれば、時間と労力をかけたにもかかわらず、結局何も決まらないということにもなりかねない。

　そうしたムダを防ぎ、端的に結論を導くために、論点思考では最上位の論点をいくつかの論点に分解して、それぞれの問いの答えを出していく。

　「フィットネス事業に参入すべきか？」という問いではなかなか答えを出しにくいが、「市場はこれからも伸びるのか？」「当社が参入したらどの程度の売上げが見込めるのか？」といった問いに分解すれば、答えが出しやすい。

184

図表 58-1　論点思考

①問題解決のステップ

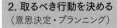

1. 問題を特定し、分解する （現状分析・問題設定）	2. 取るべき行動を決める （意思決定・プランニング）	3. 行動してギャップを解消する （実行）

- あるべき状態と現状のギャップを整理して、それを生んでいる要因を特定する
- さらに、その要因を分解し、解決策を検討できるレベルまで分解する

- ギャップを埋めるために、取るべき行動の選択肢を出して、どれを取るかを決める

- 行動に移し、ギャップを解消する
- 行動するなかで、適宜仮説を修正したり、新たに生じる問題に対処したりする

②論点の設定と分解

	増殖する論点候補	サブ論点を定める
最上位の論点	生まれてくる論点らしき問い （答えても何も決まらない、ただのギモン）	答えれば、行動が決まる問い

当社はフィットネス事業に参入すべきか？

- 市場は伸びているのか？
- 競合はどんな企業なのか？

→ **市場はこれからも伸びるのか？**
（参入余地があるのか？）

- 施設での感染症対策はどうすべきか？
- 当社がやって儲かるの？
- 日本人はアメリカ人と比べて健康か？

→ **参入するとすれば、どの業態を選ぶべきか？**

- フィットネス機器の最新動向は？
- 同業他社はどんな新規事業をやっているの？

→ **その業態で参入して、どの程度の売上を見込むべきか？**

- プール付きのほうが人気なの？

→ **上記の3点から判断して、参入すべきか？**

◆**仮の答えを基点に問いを検証していく仮説思考**

　整理した論点の1つひとつに答えを出していくには、「仮説思考」というアプローチが有効である。これは、立てた問いへの答えを出すためにとりあえず情報を集めるのではなく、まず仮の答えを出し、「その答えが正しいといえるかどうか」を検証するアプローチである。

　つまり、「論点思考」で解決すべき課題を定義し、その解決のための仮の答えを「仮説思考」で案出するといったように、論点思考と仮説思考はセットで活用することで意思決定が合理的に行える。

　例えば、「フィットネス市場はこれからも伸びるのか？」という課題に対して、「諸外国と比べて日本のユーザーのフィットネス参加率は現状低いので伸びしろがある。したがって、市場は伸びる」という仮の答えを出す。

　この仮の答えをもとに、例えば米国と日本の総人口に対するフィットネス人口の割合のデータを比較し、「日本のフィットネス人口の比率は米国と比べて低いが、増加傾向にはある」ことが検証できれば仮説は正しいと判断できる。もし仮説が違っていれば修正して、再度検証する（図表58-2）。

　仮説思考のメリットとしては、闇雲に情報を収集するムダが防げることや、そもそも仮説が立てられる問いかどうかを最初に確認することで論点の質を高められることなどが挙げられる。

◆**論点思考と仮説思考の目的**

　以上のように、論点思考と仮説思考は意思決定のための合理的な思考法である。「大量に情報を集めたり、長い時間をかけて話し合ったりしたけど何も決まらなかった」「そもそも、何をすればプロジェクトが進むかわからないので何もできなかった」という事態を避け、プロジェクトを効率的に進めることにも有効といえる。

　経営企画部は社内外で生じるさまざまな事象において、「解くべき問いは何か」「それに誰がどう答えるか」を明確にし、1つひとつ問題を潰していかなければならない。

　それらの問題が多種多様であるだけに、効率的に対処していくスキルが必要になる。その一助となるのがロジカルシンキングやここで紹介した論点思考、仮説思考である。

図表 58-2　仮説思考

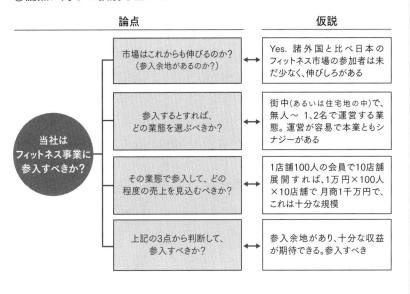

①論点に対して仮説を立てる

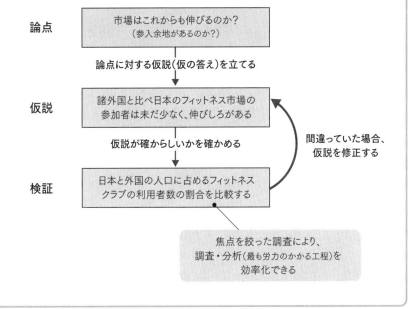

②立てた仮説の検証を繰り返すことで、問題解決を効率化する

59

リサーチの基本
意思決定のために必要な情報を定義し、収集して、わかりやすく伝える

◆**日常茶飯事のリサーチ業務**

　経営企画部では、ビジョンや中期経営計画の策定、その他多種多様な個別課題を検討するにあたって、リサーチ業務が伴う。

　また、経営陣からの不定期な要請として、経営の意思決定に必要な情報の収集・整理・分析、そしてその報告や説明業務は日常茶飯事的に発生する。したがって、必要な情報を定義し、収集して、わかりやすく伝えるための一連のリサーチスキルも経営企画部員には必須といえる。

◆**リサーチの基本の流れ**

　リサーチは、情報を集める作業に止まらない。図表59に示すように情報収集の前後も含めて一連の流れとして行わなければならない。特に経営の意思決定のためのリサーチは情報収集の前後の作業が極めて大事になる。

　まず、「調査設計」である。調査の目的とその前提となる仮説を整理し、それらを満たす有益な情報は何かを考え、どのような方法やルートで集めるかを検討する。いわば、適切なリサーチのための論点整理と仮説構築である。

　続く「情報収集」のステップでは、調査設計に基づいて焦点を絞った行動を心がけたい。調査範囲を広げすぎたり、調査作業そのものに拘泥しすぎたりすると時間と費用の過多になり、意思決定の活用タイミングを外すことにもなりかねない。リサーチは期限内にアウトプットを出すことが基本であり、またできれば前倒しで完了できていれば補足調査が生じたときへの対応に余裕が持てる。何よりも意思決定に資するリサーチであれば、早い問題解決が果たせられる。

　データを集めたら迅速に整理・分析し、関係者に報告する。その際、当初の目的に立ち返り、スムーズに意思決定に活用できる報告書の作り方や伝え方を論理的、合理的に行うことが重要である。リサーチそのものは手段であり、収集した情報をもとにした経営の意思決定が目的であることを常に意識して報告する姿勢が、経営企画部員としての務めである。

図表 59　リサーチのフロー

① 調査設計

調査の目的と仮説の整理
- 調査を行う目的（誰が、何を、何のために知りたいのか）と、解きたい論点、検証したい仮説を確認する
- 納期・予算や、求められる情報の粒度・精度を確認する
- 例）当社がフィットネス事業に参入すべきかを判断するため、今の市場規模を調べたい

調査項目の決定
- 目的を果たすために、何を調査すればよいかを明確にする
- 特に、求める情報そのものがなさそうなときには、代替になりそうなデータや推定に必要なデータを決める
- 例）フィットネス市場の規模に関するデータはなさそうなので、①一般的なジムの料金と、②ジムを利用しているユーザーの比率・人数を調べて、その掛け算で算定することにする

調査手段の設計
- どのように調査を行うかを決める
  ・手法/情報源：デスクリサーチ、インタビュー、アンケートなど
  ・誰が行うか：経営企画部自ら行うか、社内の担当者に調べてもらうか、外部に委託するかなど

②情報収集（リサーチ）
- 実際に調査を行い、情報を収集する（あるいは、社内の担当者や委託先に頼んで実施してもらう）
- 例）ジムの利用率は既存の調査がないのでアンケートで調べ、ジムの一般的な単価は主要なフィットネスジム事業者のWebサイトで調べる

③収集した情報の整理・分析
- 収集した情報を、当初の調査の目的や、検証したい仮説を踏まえて整理・分析する
- 整理・分析した結果を踏まえて、その解釈（仮説が正しいとみなせるかどうかの結論や、情報から得られる新しい仮説など）を考える

④報告
- ①～③までの調査結果を整理して、プロジェクトの関係者（意思決定者など）に報告する

60 行政機関発行ガイドラインの理解

企業経営に関わるガイドラインを随時把握し、関係各所と共有する

◆行政機関のガイドラインと企業経営

　関係府省等の行政機関は、企業経営に関するものをはじめさまざまな分野のガイドラインを策定・公開している。それらガイドラインは規範的性質を有するものの、主として指針や考え方の提供を目的としている。つまり、これからの経営等を考えるための参考として活用されるべきものであり、企業それぞれの事情に当てはめて利用することが前提となっている。

　近年、企業経営に大きく関心を集めたガイドラインには例えば、経済産業省による人的資本経営を示唆した『伊藤レポート』や公正な企業統治の指針となる『コーポレート・ガバナンス・システムに関する実務指針（CGSガイドライン）』、個人情報保護委員会（内閣府）による『個人情報の保護に関する法律についてのガイドライン』などがある。いずれも、国内外から押し寄せる日本企業に突きつけられた経営課題に対処するための指針として活用されてきた。

◆経営企画部の情報力

　経営企画部員は、まずは企業経営に関わるガイドラインにはどのようなものが発行されているのかを把握することが求められる。それには、関係府省等の情報発信を常に入手する仕組みを構築しておく。そして、それらの概要を理解したうえで関係各所と共有する、情報媒体の役割を担う。もちろん、経営に影響する課題に関するものであれば、経営層や関係部署を交えて自社の問題として検討し、解決策を導出するサポート役を務める。

　経営資源には大きく「ヒト・モノ・カネ・情報」があるが、社内外の経営に関する情報をいち早く入手し、経営企画部員として咀嚼することがルーティンとして行われるべきだが、その情報を経営層の意思決定に活用してもらうために迅速に報告する姿勢も大変重要である。

　これからの企業経営は自社に有益な情報をどこよりも早く入手し、どこよりも早く打ち手を出せるかが競争優位を左右する。つまり、経営企画部員の情報力がそれを担っているといえる。

図表60　経営企画部員としてのガイドラインの活用

関係府省等の「ガイドライン」

多くの日本企業が抱える問題や課題について、基本的な考え方や指針・方針、解決に向けた対策などを取りまとめた文書

- 投資家やステークホルダーの関心を反映している
- 多くの日本企業で生じている課題を取り扱っている
- 指針や考え方であるため、経営理念やリソース等自社の事情を勘案して自社ならではのやり方の参考にする

経営企画部
- どのようなガイドラインがあるかを把握
- ガイドラインの内容を理解・解釈
- 「当社ではどうすべきか？」に翻訳

自社の経営計画やアクションプラン、開示資料に反映

主なガイドライン	概要
『伊藤レポート』 経済産業省、2014年	● 企業が投資家と対話しながら長期的な企業価値を高めていくための、課題やその取組み方針
『コーポレートガバナンス・コード』 金融庁・東京証券取引所、2015年*	● 上場企業の企業統治に関する原則・指針 ● 原則主義に加えて"Comply or Explain"の手法を採用しており、原則を順守しない企業はその理由を説明することが求められる
『事業再編実務指針』 経済産業省、2020年	● 持続的な企業価値向上のため、事業ポートフォリオの変革を中心とする事業再編における課題や対策の指針
『伊藤レポート3.0 （SX版伊藤レポート）』 経済産業省、2022年	● 「社会のサステナビリティ」と「企業のサステナビリティ」を同期化して企業価値の向上に必要な考え方や投資家・ステークホルダーとの対話方針
『価値共創ガイダンス2.0』 経済産業省、2022年	● 企業と投資家との効果的なコミュニケーションのための「共通言語」として、企業が開示すべき情報やその枠組み、ポイントを体系的に整理 ● 特に価値創造ストーリーの構築や統合報告を行う際に参照される
『人材版伊藤レポート2.0』 経済産業省、2022年	● 持続的な企業価値向上に向け、経営戦略と連動した人事戦略を図る人的資本経営を実践するための指針とアイデアを整理
『デジタルガバナンス・コード2.0』 経済産業省、2020年	● DXへの自主的取組みを促すため、デジタル技術による社会変革を踏まえた経営ビジョンの策定・公表など、経営者に求められる対応を整理
『記述情報の開示の好事例集』 金融庁、2019年から毎年	● 各種ガイドラインや時事の企業開示に関する法改正などを踏まえて、優れた開示事例を毎年抜粋し、ポイントを解説している事例集
『資本コストや株価を意識した経営の実現に向けた対応』 東京証券取引所、2023年	● 東京証券取引所が、特にPBR1倍割れの企業を対象に、株価や資本コストに関する現状分析と、企業価値向上に向けた課題、方針と計画を整理し、公表するように求めた資料

＊コーポレートガバナンス・コードは、2018年、2021年にそれぞれ改訂が行われている

経営企画部コラム⑤

経営企画部の実際の業務と
1日の流れ

◆ある日の経営企画部員の仕事

　経営企画部の業務範囲は、①経営ビジョン・中期経営計画の策定、②単年度予算の策定・進捗管理、③新規事業開発・M&A・コーポレートガバナンス等特命プロジェクト推進、という3つが基本になる。ここでは、9月末（上期末）の経営企画部員（非管理職）の1日の流れを例示しよう。

時間	業務内容
8:30-9:00	出社、関係部門（経理、広報・IR、営業など）からのメールに返信
9:00-10:00	経営企画部内のミーティング
10:00-12:00	予算の進捗管理と中間決算に向けた、自身の業務の仕込み・準備
13:00-15:00	次期中期経営計画策定ミーティング
15:00-16:00	関係部門とのミーティング
16:00-18:00	翌週のミーティングに向けた資料作成、退社

　朝出社すると、まずはメールの確認。上層部等重要なメールが入ることも多く、この業務は手が抜けない。大量に来ていた各所からのメールの確認を終えると、経営企画部長主宰のミーティングだ。10月に入ると、9月予算の進捗管理と11月上旬〜中旬の公表に向けて中間決算業務の確認の指示が出る。新規事業開発、M&Aなど特命プロジェクトが進んでいる場合は進捗報告をする。
　その後、単年度予算の策定・進捗管理の業務。管理部門に多くの人員を割けない会社は、経営企画部が経理部と連携して進める。
　ランチタイムを挟んで、午後からは次期中計のミーティング。9月末ならビジョンと定量目標はおおよそ固まり、10月以降に詳細を議論していく。その後は、関係部門から出席依頼を受けたミーティングに参加し、翌週に向けた資料作成を進めて退社となる。
　経営企画部員は受け身でいると、計画策定と進捗管理をしている毎日に陥りがちになる。経営企画部員の醍醐味は、新規事業開発やM&Aなど会社の将来に関わる意思決定の場面に立ち会えることであり、ぜひそうした仕事に多く関わっていただきたい。

192

第 **6** 章

経営企画部員としての
心構え

61

経営企画部スタッフと管理者の心構え

スタッフは常に学ぶ姿勢を持ち、管理者は大局的に経営を捉える

◆スタッフの心構え

◎評論家、批評家にならない

経営企画部門は社内の関係部門に作業や資料作成などの依頼をすることが多い部署だが、その際に「作成することが当たり前」という態度や提出を受けた資料に対して小さなミスを指摘して満足するような姿勢を取るべきではない。評論家・批評家にならず、当事者としての真摯な姿勢が求められる。

◎情報の中身を直感で見分ける

同じニュースであってもそれを報じるメディア媒体によって見出しや内容が異なるように、自社内の情報であっても部門、職階、担当者などそれぞれの立場や理解度、経験値などが異なるため、伝わり方が異なってしまうことがよくある。情報源によって信頼度の違いが生じることを常に念頭に置き、見分けられるようにしたい。

◎自分独自の発想法を身につける

非定型業務が多い経営企画部門では、前例踏襲や右から左への受け流しが通用しない。これまでに誰も対応したことがない課題や正解への道筋が全く見えないタスクに直面することも多いため、自分の頭で考えて状況を打開する姿勢が必要となる。

◎自分の強い分野を持つ

経営企画というと幅広い知識・スキルを満遍なく習得しなければならないイメージもあり、そのこと自体必ずしも間違ってはいないのだが、カバーすべき範囲が膨大に拡張し続ける昨今のビジネス環境においてすべてを捕捉し続けることは不可能に近いともいえる。

むしろ自身の得意領域、不得意領域を明確に認識し、強みの発揮で信頼を得つつ、不得意領域は周囲に頼るという姿勢も重要である。

◎簡潔平易な表現をする

近年、新たなビジネス用語がどんどん世の中に登場しており、一度それを覚えると安易に使用してしまいがちだが、世の中一般に浸透していない

横文字言葉や略語を唐突に並べても読み手、聞き手には伝わらない。

独りよがりにならず、読み手、聞き手の立場に立った簡潔平易なコミュニケーションを心がけたい。

図表 61-1　スタッフとしての心構え

	経営企画部スタッフの心構え
ポイント	**□ 評論家、批評家にならない** 事業部門・グループ企業を管理するのでなく、問題解決を支援する姿勢が大切である **□ 雑務を大切にする** 一見するとムダ・ムリ・ムラの仕事が多いが、この中に問題発見や解決に直結するケースが多い **□ 納期を必ず守る** 特急突発の仕事こそ通常の状態である。トップの必要な時間に間に合わせることが第一 **□ 情報の中身を直感で見分ける** 情報が信頼できるか否か、重要か否かを、どこかに確かめなくても判別できるようにする **□ 雑学にも関心を持つ** あらゆる情報が、収集・整理・分析・加工のヒントになる **□ 自分独自の発想法を身につける** データや各種情報から本質的事項や新しい提言等を発見する方法で、仕事を的確・スピーディーに遂行する **□ 自分の強い分野を持つ** すべての事業・機能に通じることはできない。実態を理解し、課題解決する際の助けとなる独自の強い分野を持つ **□ 簡潔平易な表現をする** 読み手、聞き手の立場に立ったコミュニケーションを心がける

第6章　経営企画部員としての心構え

◆管理者の心構え

◎トップの先を読む

トップの先を読むことは、経営企画部門の管理者として最重要ポイントである。経営トップ層は常に明快かつタイムリーに語りかけてくれる存在では必ずしもないため、先をどのように見通しているのかの真意や背景も含め、適切に理解し、対応する姿勢が求められる。

◎パラダイムの転換を仕掛ける

パラダイムとは意思決定や行動の際にその組織や環境下で支配的となっている規範のことであり、社内では「暗黙のルール」として存在していることも多い。多くの社員にとって「暗黙のルール」に従い続けることは心地よく、これを変更しようとすると既得権を持つ側から猛反対されることもあり誰も手をつけたがらないが、中長期の大きな方向性への変革が求められるようなシチュエーションでは先陣を切って仕掛ける姿勢が求められる。

◎情報の生命は先行性である

過去の実績を精緻に分析し問題点を明確にすることももちろん重要であるが、それらをもとにこれからどうすべきかを考え、何を最優先して取り組むべきかがより重要である。

常に仮説を立て、社内外の関係者との対話も交えながらシミュレーションを行い、企画提案へと昇華させる姿勢が求められる。

◎問題の構造を解明する

経営企画が直面・関与する問題は複雑な原因が絡み合い、多面的な構造となっていることが多い。なぜなら、単純な問題は経営企画が関与するまでもなく、日々現場レベルで解決可能であるからだ。問題の表面だけをみて安直に結論を出すのではなく、問題の背景や経緯まで含めて関係者から丁寧に聞き取りを行い、問題の構造を整理して解きほぐす姿勢が求められる。

◎気取らず、威張らず、約束を守る

経営企画部門はトップとの関係が近く、指示命令の出し手でもあることから存在そのものが権威的になってしまいがちである。

そうした誤った認識に陥ることがないよう、企業活動の主役は現業部門、他の本部セクション、グループ会社などであって、経営企画はこの主役たちが自律的に成長する環境を整える黒子的存在だという意識を持ち続ける姿勢が重要である。

図表 61-2　管理者としての心構え

	経営企画部管理者の心構え
ポイント	□ **トップの先を読む** 常にトップ（経営会議、常務会メンバー含む）の考えている方向・分野について情報の収集・蓄積・分析を進めておく □ **トップとの距離を置く** トップの意向を汲むあまり、迎合してはいけない。自己の判断基準を明確にし是々非々で対応する □ **パラダイムの転換を仕掛ける** 戦略の方針を決める暗黙の考え方の枠組みや原型を時代の流れに合わせて大胆にメスを入れる □ **情報をフィルターにかけない** トップの耳ざわりのよい情報のみを提供しない。必ず有力な反対意見と貴重な少数意見も併記する □ **情報の生命は先行性である** 経営企画部より出す情報は、「これからどうなる」「何をすべきか」という将来の仮説情報しか使えない □ **問題の構造を解明する** 問題を起こしている多くの原因の中から真の原因を探り出す □ **部門・機能を統合する** 部門間や機能間の有機的な関係付けを行い、スキ間をつくらない □ **気取らず、威張らず、約束を守る** 主役は各部門・グループ企業であり、黒子役に徹する

62

経営トップの支援
特命事項への対応、役員間の調整、意思決定後のサポート

◆3つの主要な要素

　難解で複雑な経営課題に対し、大局的な観点から的確な判断を下していくことは経営トップにとって大きな負担がかかるし、判断を誤ると社内外のステークホルダーの利益や信頼を瞬時に損なうリスクが常にある。

　このような負担、リスクをできるだけ極小化できるよう経営トップに判断材料や心理的余裕を生み出すような「経営トップの支援」を心がけることは経営企画部員にとって極めて重要となる。

　「経営トップの支援」にはさまざまな要素があるが、その主要なものは次の3つである。

◎特命事項への対応

　日常的な業務とは異なり、突発的かつ極秘裏に検討しなければならない「特命事項」に直面することが経営トップには起こり得る。

　トップダウン型の「買収・提携などM&A案件」や「新事業開発」などポジティブな事象だけでなくコンプライアンスが絡む「不芳事案告発に対する調査」などネガティブな事案も近年増加している。

　このような特命事項への対応を経営トップから命じられた場合、以下のような心構えが求められる。

- ●情報遮断の厳守：指示を受けた時以降、活動中はもちろんのこと、活動完了後にわたっても、活動を通じて知りえた情報を漏らすことは許されない。情報（資料やデータ）の保存先や会話の場所なども含め、細心の注意を払う必要がある。
- ●期日管理の確認：経営トップからの特命事項は突発的な重要事項であることが多いことから、短期間で情報収集・調査を行い、トップが要求する成果を期日までに報告する必要がある。すでに決まっているスケジュールの調整やどうしても必要な場合、許容できるギリギリまで社内ルールの例外適用を模索するなど、目的遂行に向けてあらゆる手段を講じる姿勢が求められる。

- 状況変化への対応：特命事項は想定外の事象であることが多いため、時の経過とともに経営トップの意向や着地点が変化することが多い。当初受けた指示だけを鵜呑みにするのではなく、「経営トップも迷っているはず」という視点を頭に置きながら、通常よりも多頻度で報告・連絡・相談しながら進めることを心がけたい。

図表62　経営トップの支援3つの要素

1. 特命事項への対応

- 情報遮断の厳守
- 期日管理の確認
- 状況変化への対応

経営企画

2. 役員間コミュニケーションの調整役

- 利害対立、意見対立の調整

3. 意思決定後の後押し

- 肯定的な支え
- 根拠データ、情報を収集、報告

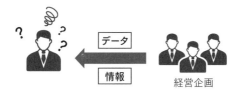

◎役員間コミュニケーションの調整役

企業の重要課題について経営トップの独断で意思決定して推し進めるのではなく、社内役員や社外役員、その他ステークホルダーなどとの対話を通じて適切に意思決定することへの要請が強まっている。

多角的観点からの熟成した対話を通じて、より良い意思決定ができるのが理想ではあるが、対話の過程で利害対立や意見対立も生じやすく、経営会議や取締役会の合意形成が難航することも珍しくない。

対立構造だけではなく、互いの考えや立場を尊重し過ぎるあまり、経営会議や取締役会のような公式の場で経営トップが自らの率直な思いを伝えにくいケースや、逆に役員側が慮り過ぎて率直な意見を出しにくいケースなど、各社の置かれている状況に応じて経営トップはさまざまな葛藤を抱えている。

この葛藤は各社の個別事情によって多種多様であるが、経営トップとしては自らの葛藤を中立的に受け止めてくれて、緊張を緩和してくれたり、弛緩している場合に引き締めてくれたりする調整役を求めているケースも多い。

このような役割を「特命」として指示してくれればわかりやすいが、役員間の人間関係や人格にも関わるような要素が含まれると、経営トップとしても明示的には指示しにくい。

経営企画の心構えとして、各役員のキャラクターや人間関係、経営トップとの関係性にも注意を配りながら役員間コミュニケーションの潤滑油としてうまくサポートできることが望ましい。

◎意思決定後の後押し

経営会議や取締役会など公式な場で正式に意思決定された事案は、その結論に即して速やかに「遂行」のステージに移行する。

ただし、ビジネス環境変化の激しい昨今において、正式に意思決定したにもかかわらず前提条件が変化したり、想定外の因子が発見されるなど、経営トップは「決定したことを持続するか否か」という問題にも頭を悩ますケースが増えている。

前提条件などの変化が、誰の目にも明らかな形で顕在化した場合は、意思決定事項の見直しに踏み切りやすいし、その決定が「迅速な軌道修正」などとポジティブに受け止められやすいが、そのようなケースはむしろ稀

で、「軌道修正」に踏み切るか否かの判断に迷うような微妙な変化が多数起こる、という悩ましい状況に直面することのほうが多い。

この「悩ましい状況変化」について経営トップが右往左往したり、ネガティブな発言を繰り返したりすることは立場上しにくいため、「誰にも相談できない悩み」を常に抱えており、その受け皿になる役割の重要性も増している。

「会社の公式な意思決定」や「経営トップの判断」は絶対的なものだという考えが一般的であり、多くの場合それは正しいのだが、一方で上述のとおり「経営トップは常に迷いを抱えている」という状況を頭に置き、「良き理解役として経営トップの日々のふるまいを肯定的に支える」「迷いを払拭するような根拠データ、情報を自主的に収集、報告して支える」などの心構えも持っておきたい。

◆経営トップを支える参謀力

経営トップの仕事の中でも極めて重要となるのが、意思決定である。意思決定にあたって必要なのは、まずは情報である。トップにはその人脈からさまざまな情報が入ってくるものだが、現場からの情報が手薄なことがよくある。そこで、現場の実態も含めて、トップに戦略的な意思決定に資する情報提供を担うのが経営企画部員だ。

また、そうした情報をもとにトップが経営判断を下す際し、経営企画が口を挟むことはできないが、その判断にあたって相談を受けたときに合理的な意見を述べることは経営企画部管理者の仕事、いわば参謀としての役割だ。経営企画部管理者には参謀力が必須といえるが、管理者のみならず部員にも参謀として次のような心構えやスキルが求められる。

- 自律性：指示されたことを確実に実行するほか、自律的に課題を発見しその解決のためにすぐに行動する姿勢
- 戦略思考：会社のビジョンを実現するための戦略をトップの立場から常に考える習慣
- 俯瞰力：広い視野で組織を見渡す習慣
- 胆力：上からの指示におもねるのではなく、誤ったことに対しては毅然と意見する態度
- 危機管理力：一歩先を見ながら危機を察知するスキル
- 行動力：常にやるべきことを想定し、すぐに実行する姿勢

63

経営企画部門の評価のあり方
他部署からの客観的な評価を、必要性を自ら感じて自発的に取り組む

◆経営企画部自身の役割評価

　経営企画部門は具体的な数値目標を課されるケースは少なく、逆に経営層との関係の近さを利用して「成功は自らの手柄、失敗は他部署の責任」と振る舞うこともできてしまう。

　しかしながら当然このような行動は会社の成長にとって適切ではない。

　自らを律し、必要に応じて他部署等からの認識ギャップを修正していくための仕組みも持っておけると望ましい。

　ある会社では図表63-1のようにプロジェクトごとに「役割遂行度評価」として経営者およびプロジェクトに参画した事業部門から評価を入手して、今後の活動に向けた反省と見直しの一助としている。

図表 63-1　経営企画部門の役割評価例

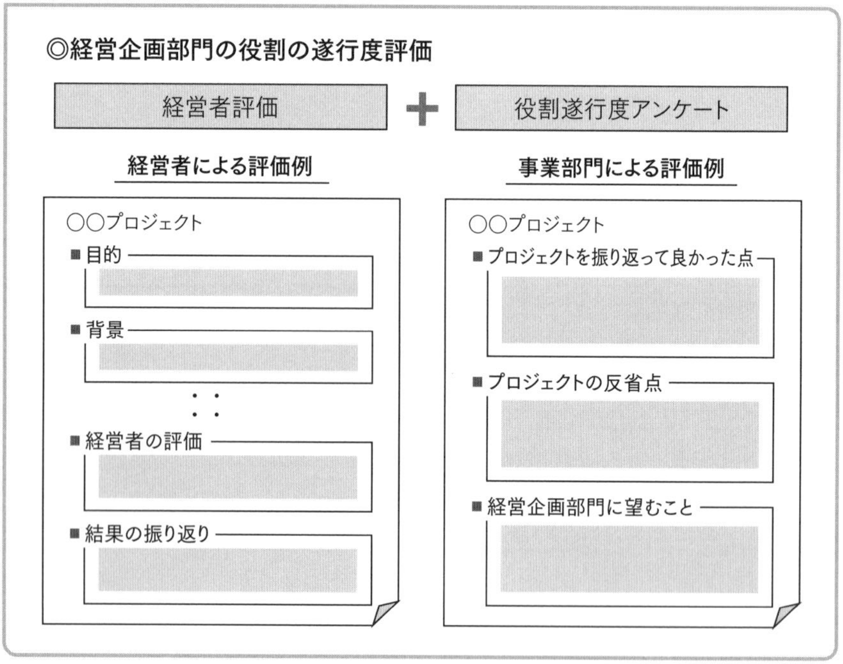

◎経営企画部門の役割の遂行度評価

経営者評価 ＋ 役割遂行度アンケート

経営者による評価例　　　　　事業部門による評価例

○○プロジェクト
■ 目的
■ 背景
　・・・
■ 経営者の評価
■ 結果の振り返り

○○プロジェクト
■ プロジェクトを振り返って良かった点
■ プロジェクトの反省点
■ 経営企画部門に望むこと

「その場では言わなかったが…の場面では、本当は…までやって欲しかった」などの苦言もあれば、「若手のＡさんは夜遅くまで我々と一緒に…を一生懸命手伝ってくれて本当に助かった。褒めてあげて欲しい」といった感謝を綴ってくるケースもあるそうだ。

導入当初は苦言やクレームも多かったそうだが、地道に一つ一つ真摯に改善を図ってきた結果、感謝や賛辞を受けることも増えてきており、経営企画部門メンバーのモチベーション向上に役立つとともに、何より経営層や現業部門との風通しが良くなったという効果もみられたそうだ。

◆自らを顧みるための第三者評価

プロジェクト単位でなくても、1年に1回など定期的に他部署から客観的な評価をしてもらうのは良い取組みである。例えば図表63-2のような簡単なアンケートであればすぐにでも実施可能と思われる。考慮すべきポイントは、このような取組みを「必要性を自ら感じて自発的にやる」か「経営層や内部監査部門など、よそから言われて仕方なくやる」かにある。

世の中では、昨今、さまざまな形態のアンケートが多数行われており、営業部門であれば「顧客満足度調査」や「口コミ」「SNS投稿」などで否が応でも評価にさらされる時代であり、「企業の本社部門（支援部門、間接部門）」のようにこのような第三者評価に馴染みがなかった領域にも早晩導入される流れになってくるのではないか。

それであれば、先手を打って自ら枠組みを決めて実施してしまう、というのが経営企画としての戦術かもしれない。

⋮ 図表 63-2　経営企画部門に対するアンケート項目例

1．貴部門は当部門の日々の活動についてどう感じていますか？

2．1．の回答の理由を教えて下さい

3．昨年度貴部と共同で取り組んでいる○○プロジェクトについて当部門の活動をどう感じていますか？

4．3．の回答の理由を教えて下さい

5．経営企画部門には今後こういう取組みをして欲しい、などの期待を教えて下さい

6．その他「この際だから言っておきたいこと」があればお願いします
（苦言でもお褒めの言葉でも）

64

経営企画部門の変革
定期的に役割の遂行状況を確認できる変革への取組みの仕組みを作る

◆**部門名を変える発想**

　ビジネス環境の不確実さや変動が激しくなればなるほど経営企画の役割の重要度は高まる。したがって、環境変化に合わせて経営企画部門自体も柔軟に変化していかなくてはならない。

　経営企画機能を担う部門は「経営企画部（室）」を筆頭に、「企画部」「経営管理部」「経営戦略部」などさまざまな名称がみられる。部門の変革を試みる場合、部署の名称を変えてみるというのも一案である。

　「企画」「管理」とは異なる機能の名称としては、例えば「開発」「創出」「推進」などが想定されるし、その前に付される「経営」や「総合」に類する名称としては、例えば「事業」「イノベーション」などが考えられる（例：事業開発部、イノベーション推進室など）。

◆**次期経営への引継ぎでの役割**

　また、いわゆる「企画」「管理」「実行（営業・販売、製造、サービスなど）」に関する経営者との役割分担は、企業の成長過程によっても影響を受ける。

　例えば、会社設立時点では創業者単独もしくは極めて少数の経営層が「企画」「管理」「実行」のすべてを一手に担うことが多く、その後成長の過程に沿って、営業担当者や生産従事者の雇用などにより「実行」の一部が分担されるようになる。「実行」に携わる人数が増え、「管理」の専任者を置く必要が出てくるのがその次のステージであり、さらに事業や組織が大きくなってくると、事業戦略やそれに付随するいわゆるヒト、モノ、カネ、情報といったインフラをどのように構築していくべきかをクリエイトする機能（経営企画機能）を専任で置く必要性に迫られる。

　なお、図表64-1に示した機能分化の過程は創業社長を想定したケースであるが、実際には「③成長期」や「④成熟期」などのステージで、経営のバトンタッチが必ず起こる。

　「①設立期」から「②草創期」「③成長期」を経て、自らがすべて経験したことを社員に分掌している経営者から、そのような経験を踏んでいない

図表64-1 経営者と経営企画の関係の変遷

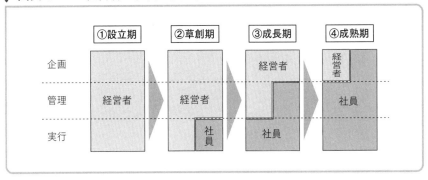

経営者にバトンタッチされるわけであるが、このようなときこそ、バトンタッチの橋渡し役として経営企画部門の手腕が大きく問われるし、いつか起こるであろうそのタイミングを常に念頭に置きながら日々の業務を遂行するのが経営企画の重要な役割である。

これは、オーナー家が代々社長を務めるオーナー企業であれ、社長が数年単位でバトンタッチしていく非オーナー企業であっても同様であり、万が一、社長に不測の事態が起こったとしても、急場をしのぎ、次期社長への引継ぎがスムーズに行われることを念頭に置きたい。

◆定期的な役割遂行の確認

経営者のバトンタッチが起こる起こらないにかかわらず、経営企画部門自らが定期的に役割遂行や重点業務の設定の適切性を検証し、自律的に実態とのズレを修正していくことも重要である。

経営企画部門の変革に向けた具体的な取組みとしてシンプルな「チェックシート」で定期的に現状の役割の遂行状況を確認するような仕組みが想定される。「定期的かつ継続的」な仕組みとするためには、極力負担は重すぎないほうがよい。

例えば、現在自部署が役割として取り組んでいる経営課題や今は取り組んでいないが今後取り組まざるを得ないだろう課題をざっとリストアップしたうえで、「自社にとって重要な課題であるかどうか」に加え、「情報収集の遂行状況」「企画化の遂行状況」「社内の運用促進の遂行状況」のような評価軸を設けて、「十分できている」「不十分」「できていない」などで俯瞰的に評価をしてみる。

非定型の業務や日々突発的な対応事項も多い経営企画部門こそ、自社の経営課題を網羅的にテーブルに乗せながら、このような「業務の棚卸し」を定期的に行う意義が大きい。

　また、合わせて担当者別の役割の見直しも同時に行うことが望ましい。中期経営計画策定やM&A対応などは反復継続的に頻繁に起こるタスクではないため、どうしても特定の人材にノウハウが偏ってしまいがちである。部員育成の観点も含めて担当の見直しも定期的に実施したい。

　このように、各業務の進捗状況や会社内での位置付けに応じて俯瞰的な検証を行うことは経営企画部門の管理職層の重要な役割といえる。

図表 64-2　変革ポイントのチェック例

●十分できている、▲不十分、×できていない、－取組み不要・その他

経営課題	自社直近注力テーマ	機能の発揮状況		
		機能1	機能2	機能3
		情報の一元的な集約	価値ある情報への転換	価値を生み出す活動へと現場を駆り立てるコミュニケーション促進
1　ビジョン・ドメインの再設定		－	－	－
2　中期経営計画の策定・管理	✓	●	●	●
3　予算管理制度の見直し・高度化		－	－	－
4　事業ポートフォリオ管理の高度化／経営資源配分の見直し		－	－	－
5　コスト削減・リストラクチャリング		－	－	－
6　イノベーションの創出／新規事業推進		－	－	－
7　海外展開の加速		－	－	－
8　M&A戦略・提携戦略の策定・推進	✓	×	×	×
9　組織構造再編(持株会社化、SSC化、事業部制導入等)		－	－	－
10　研究開発戦略の見直し		－	－	－
11　人材確保・ダイバーシティ経営の推進(女性・シニア人材の活躍推進等)	✓	▲	×	×
12　ICTの活用推進(ビッグデータ含む)				
13　コーポレートガバナンス強化(社外取締役導入含む)	✓	●	▲	×
14　資本政策・配当政策見直し、IR強化	✓	●	×	×
15　リスクマネジメント強化・コンプライアンス推進		－	－	－
16　CSR推進		－	－	－

206

経営企画部コラム⑥

ベネフィット・コーポレーション
という潮流

◆経済的利益×社会的公益

　ベネフィット・コーポレーションとは、「株主の利益だけではなく、公益に資する事業に率先して取り組むと明示した法人形態」のことだ。ベネフィット・コーポレーションの経営陣には、自社の目指す公益を明確にしたうえで、その公益と株主の利益とが釣り合うように経営することが求められることになる。2010年に米国メリーランド州でこの法人形態が法制化されて以降、米国はもとより世界的に広がりつつある。

　日本ではまだ法制化されていないが、ベネフィット・コーポレーションの原型となった認証制度「B Corp認証」は日本でも取得可能になっている。2024年10月末現在、世界で9,000社以上が認証取得し、そのうち日本の取得企業数は45社。2019年から2023年までの全世界での取得企業数が年率25.8％増と急速な拡大をみせていることから、日本においても今後本格的な普及が進むことが予想される。

　このような経済的利益と社会的公益の両立を追求することのメリットとしては、主に以下の4点が考えられる。
　①社会的責任を果たす企業としてのブランド価値の向上
　②サステナビリティを重視する取引先とのビジネスチャンスの
　　拡大
　③認証取得過程におけるガバナンス体制の見直しと改善
　④社会的意義のある仕事を求める優秀な人材の獲得・定着

　日本でのベネフィット・コーポレーションの法制化はしばらく先かもしれないが、B Corp認証の取得については経営企画部門で真剣に検討される日は遠いことではないかもしれない。

◆倫理部門と経営企画部門の関係

　また、世界的に著名な哲学者であるマルクス・ガブリエルは著書『倫理資本主義の時代』(ハヤカワ新書、2024)において、企業に倫理部門の設置を義務付けるという考えを提示し、倫理部門を率いる責任者として最高哲学責任者（Chief Philosophy Officer：CPO）

を置くように提言している。

　ガブリエルによれば、CPO が率いる倫理部門は、社内あるいは社外からの純粋な経済的圧力から完全に独立した存在であり、会社が直面している具体的問題に対する真に倫理的な解決策のポートフォリオを作成する役割と全面的責任を負う部門であると定義している。

　現時点において倫理部門を設置するという考え方はある意味、実験に過ぎないという状況ではある。

　ただ、B Corp 認証など経済的利益を求めることだけがすべてではなくなりつつあるこれからの社会において、皆さんの会社に仮に倫理部門が存在するとすれば、経営企画部の仕事はどのように変わりうるのか、また倫理的な企業活動の結果としての企業価値評価のあり方はどのように変化するのかなどを考えてみてはいかがだろうか。

MEMO

おわりに

　本書をここまでお読みいただき、誠にありがとうございます。経営企画部員の皆様、そして経営企画に関心をお持ちの方々にとって、本書が有益なものとなることを願っております。

　経営企画の実際は、理論と現実の間で常にバランスを求められる複雑な領域です。理論的には最適とされる戦略やフレームワークも、実際の現場ではさまざまな制約や予期せぬ事態により、そのまま適用できないことが少なくありません。組織の文化や人々の価値観、業界特有の慣習や規制など、経営企画の実務には多くの要因が影響を及ぼします。
　そのため、経営企画部員には高い柔軟性と適応力、そして現場の声をしっかりと聞き取り、共感する能力が求められます。
　また、経営企画が直面する課題として、部門間の連携不足や情報共有の不十分さ、経営層とのコミュニケーションギャップなどが挙げられます。戦略を立案するだけでなく、それを組織全体に浸透させ、実行に移すための推進力が不足しているケースも見受けられます。
　これらの課題を克服するためには、経営企画部門自身が変革の旗手となり、オープンで協働的な組織文化を醸成する必要があります。

　日本企業の今後を考えると、経営企画の重要性はますます高まると考えられます。少子高齢社会への移行と国内の経済社会の成熟化、グローバリゼーションの進展、デジタル技術の高度化など、日本企業を取り巻く環境は厳しさを増しています。その中で、従来の延長線上の戦略や慣習にとらわれていては、持続的な成長を遂げることは困難です。新たなビジネスモデルの創出やイノベーションの推進、多様な人材の活用といった取組みが求められます。
　経営企画部門は、これらの変革をリードする立場にあります。本書の中でみてきたように、企業の未来を見据えたビジョンの策定や新規事業の創出、グローバルな視点での戦略立案など、経営企画部員が果たすべき役割は多岐にわたります。また、ESG経営やサステナビリティへの取組みなど、社会的課題への対応も重要なテーマとなっています。経営企画部員一人ひ

とりが高い志と専門性を持ち、組織全体を巻き込みながら変革を推進していくことが、日本企業の未来を切り拓く鍵となるでしょう。

　本書の執筆にあたり、多くの方々のご協力とご支援をいただきました。まず、丁寧に原稿を確認いただき、的確なご指摘とご助言をくださった編集担当の根本様に深く感謝申し上げます。その専門的な知見と経験に基づくご意見は、本書の品質を高めるうえで欠かせないものでした。

　また、日々の当チームの活動の中でディスカッションや意見交換にご協力いただいた経営企画部員の皆様にも深くお礼申し上げます。皆様からいただいた貴重な現場の声や実践的な知見は、本書をより実務的で有益な内容にするための大きな糧となりました。

　さらに、当チームの活動開始のきっかけにもなった「経営企画部門の実態　〜874社に聞いたアンケート調査〜」を実施した当時のメンバーをはじめとした日本総合研究所の研究員の皆様にも心より感謝いたします。過去に在籍された方も含め、さまざまな方が高い志を持って研究活動やコンサルティング活動に尽力され、その実績と成果が本書執筆の源になっています。

　最後になりますが、本書が経営企画部員の皆様の活動に少しでも貢献できることを、執筆陣一同、心より願っております。経営企画の仕事は決して容易なものではありませんが、その挑戦には大きなやりがいと社会的意義があります。変化の激しい時代だからこそ、新たな価値を創造し、組織をリードする経営企画部員の役割は重要性を増しています。

　本書を通じて、皆様が新たな視点やアイデアを得て、日々の業務に活かしていただければ幸いです。そして、経営企画部員一人ひとりの成長が、日本企業全体の発展につながることを心より期待しております。

　今後も皆様と共に、より良い未来を創造していけることを楽しみにしております。

　2024年11月

　　　　　　　株式会社日本総合研究所 経営企画機能研究チーム

付録1

経営企画部専門用語集

用語解説の下に本書で該当する項目番号とタイトルを記載

数字・英字

100日プラン

主にM&A（合併・買収）後の統合プロセスにおいて、成約から最初の100日間で行うべき重要なアクションを計画し、実行するためのスケジュールのこと。

→41 M&Aやアライアンスの推進

3C分析

市場・顧客（Customer）と競合の状況（Competitor）を自社の状況（Company）と照らしながら分析することで業界内の勝ち筋を見つけ出し、自社の戦略策定を行うためのフレームワーク。

→49 環境分析のためのフレームワーク

4P分析

企業が選択した市場ポジショニングにおいて、どのように顧客に商品・サービスを販売するのかをProduct（製品）、Price（価格）、Place（流通チャネル）、Promotion（販促活動）の4つの視点からマーケティング戦術を検討するフレームワーク。

→50 戦略策定のためのフレームワーク

5forces分析

業界内の構造を「既存企業同士の競争」「買い手の交渉力」「売り手の交渉力」「新規参入者の脅威」「代替品の脅威」という5つの競争要因から捉えることで、業界内の競争環境と収益性を分析するためのフ

レームワーク。

→49 環境分析のためのフレームワーク

Day1

買収や統合を完了した初日（効力発生日）のこと。新しい体制での事業開始日であり、重要な日となる。

→42 経営統合を成功させるPMIの推進

DE&I

ダイバーシティ、エクイティ＆インクルージョンの略で、多様性（ダイバーシティ）、公正性（エクイティ）、包含性（インクルージョン）の頭文字を合わせた概念。

→35 人材マネジメントの高度化

DX

デジタルトランスフォーメーション。デジタル技術とデータを活用してビジネスモデルを変革すること。

→20 DX戦略の立案と推進

ERM

Enterprise Risk Management（全社的リスク管理）。全社的にリスク対応を統括し一元化すること。

→30 リスクマネジメントの高度化

ESG

Environment（環境）、Social（社会）、Governance（ガバナンス）の頭文字を合わ

212

せた言葉で、もともとは機関投資家が使う業界用語。

➡36 ESG 経営・サステナビリティへの取組み

IT 戦略

IT 導入や維持管理に留まらず、企業戦略と密接に連携しつつ、IT を活用しビジネスの目的を達成するための計画。

➡29 IT インフラの刷新と ICT の推進

KGI

Key Goal Indicator（重要達成目標指標）。組織の最終的な目標を、数値化・指標化して定めたもの。

➡17 KGI・KPI の設定と管理

KPI

Key Performance Indicator（重要業績評価指標）。KGI を達成するための活動やその進捗を表す指標のうち、特に重要なもの。

➡17 KGI・KPI の設定と管理

M&A 戦略

企業が成長や競争力の強化、事業拡大を目指して他社を買収したり合併したりする活動を計画・実行するための戦略。企業の将来的なビジョンや目標に基づいて策定され、経営戦略の一環として重要な役割を果たす。

➡41 M&A やアライアンスの推進

MECE

Mutually Exclusive and Collectively Exhaustive の略。「漏れなくダブりなく」という意味で、物事の全体像を分解するときに意識すべき原則の 1 つ。

➡57 ロジカルシンキングの基本

MVV

Mission（ミッション）、Vision（ビジョン）、Value（バリュー）の頭文字をとった言葉。このうちバリューとは、組織の中核的な信念や原則を示すものであり、組織文化の基盤を形成し、従業員の行動指針となるものである。

➡19 人的資本経営の推進 / 47 組織風土の改革

PDCA サイクル

Plan（計画）、Do（実行）、Check（評価）、Action（改善）の一連のサイクル。組織の活動をコントロールする際に用いられる。

➡31 経営管理制度の高度化

PEST 分析

企業を取り巻くマクロ環境を、Politics（政治）、Economy（経済）、Society（社会）、Technology（技術）の 4 つの視点から分析するフレームワーク。

➡50 戦略策定のためのフレームワーク

PLC 分析

Product Life Cycle。商品・サービスが市場に投入されてから衰退するまでの時間的推移を「導入期」「成長期」「成熟期」「衰退期」の 4 段階から捉えるフレームワーク。

➡51 資源配分のためのフレームワーク

PMI

Post-Merger Integration。M&A（合併や買収）後に行われる統合プロセス。買収・合併が単に契約書に署名しただけでは完了しないため、買収後の企業統合をスムーズに行い、シナジー効果を最大限に引き出すための計画と実行が必要。

➡42 経営統合を成功させる PMI の推進

付録 1　経営企画部専門用語集

213

PPM

Product Portfolio Management。縦軸に市場成長率、横軸に相対的市場シェアの2軸をとった4象限のマトリクス上に自社の事業や商品・サービスを分類し、ポートフォリオの全体像から経営資源の投資配分を検討して戦略を立てるフレームワーク。

➡51 資源配分のためのフレームワーク

SRI

Social Responsible Investment。社会的責任投資と訳される。経済的利益だけを追求するのではなく、環境・社会にも配慮して投資を行うアプローチ。

➡36 ESG 経営・サステナビリティへの取組み

STP

Segmentation、Targeting、Positioning の頭文字を取ったもので、企業がどの市場をターゲットにして、どのように自社の製品・サービスを位置付けるのかを検討する際に用いられるフレームワーク。

➡50 戦略策定のためのフレームワーク

SWOT 分析

自社の内外を取り巻く環境を強み(Strength)・弱み（Weakness）・機会（Opportunity）・脅威（Threat）の観点から整理するフレームワーク。

➡49　環境分析のためのフレームワーク

WACC

加重平均資本コスト（Weighted Average Cost of Capital）のこと。負債コストと株主資本コストの加重平均を取って算出される。

➡39 資本政策と最適資本構成

あ

アセットオーナー

機関投資家のうち、年金基金、銀行・保険会社等の金融機関、財団等資産を保有する組織。

➡37 投資家との対話

アセットマネジャー

機関投資家のうち、投資顧問会社、投資信託会社、信託銀行等資産の運用を行う組織。

➡37 投資家との対話

アライアンス

複数の企業が共通の目的や目標を達成するために、戦略的に協力し合う提携。

➡41 M&A やアライアンスの推進

営業キャッシュフロー

事業が生み出すキャッシュフロー(現預金)。非現金支出である減価償却費を控除していないなど、営業利益とは定義が異なる。

➡32 キャッシュフローマネジメントの推進

か

会社法

会社の設立から運営、解散に至るまでの全過程を包括的に規定する法律。会社の活動を法的に規定し、会社とその関係者（株主、役員、債権者など）の権利・義務を明確にすることを目的としている。

➡55 法務の基本

仮説思考

問題解決において、論点思考と対になる思考法の1つ。設定した論点に対して、仮の答えを考え、その答えが正しいかどうかを検証することを繰り返すことで、効率的に論点に対する確かな答えを導くアプローチのこと。

➡58 論点思考と仮説思考の基本

価値創造ストーリー

企業が持続的な価値創造のために、目指す姿とそこに至るまでのプロセスや方法を、一連のストーリー（Narrative）として語ったもの。

➡14 価値創造ストーリーの策定

株主還元

企業が事業活動を通じて得た利益のうち、借入金の返済や再投資などにあてない部分を、配当や自社株買いなどの形で株主に還元すること。

➡40 株主還元の方針検討

株主資本コスト

株式への投資家（株主）から資金を調達（自己資本）する際にかかるコスト（＝株価上昇や配当などの期待リターン）。

➡39 資本政策と最適資本構成

カンパニー制

特定の事業領域に含まれる組織・会社を疑似的に1つのカンパニーとして括り、カンパニーのトップ（カンパニー長やカンパニープレジデントと呼ばれる）がその事業領域全体の経営責任を負う組織形態。

➡27 グループ経営体制の高度化

基幹システム

企業の重要な業務プロセスを支える中核的な情報システムであり、その導入により業務の効率化、データの一元管理、コスト削減、経営の可視化、競争力強化といった多くのメリットを享受することが可能。

➡29 IT インフラの刷新と ICT の推進

企業価値算定

企業価値算定（Valuation）は、企業の価値を金銭的に評価するプロセスであり、M&A、株式公開、事業戦略の策定など、さまざまなビジネスシーンで重要な役割を果たす。

➡41 M&A やアライアンスの推進

機能子会社

生産機能、経理・給与計算等のシェアードサービス機能など、グループ内で特定の機能を担うグループ会社。

➡28 グループ会社のマネジメント

機能別組織

トップマネジメント（社長 /CEO）の下の階層が開発、製造、販売などの機能別に分かれた組織構造。

➡26 経営組織の構築

基本合意

M&A プロセスの初期段階において、売り手企業と買い手企業が基本的な条件について合意したことを確認する文書。

➡41 M&A やアライアンスの推進

業務改革

業務の効率化や生産性の向上を目的として、企業の業務プロセス全体を抜本的に見直し、再設計すること。

付録1 経営企画部専門用語集

➡43 経営効率に資する業務改革

業務量調査

組織内各業務の作業量を定量的に測定する手法。業務の効率化やリソース配分、業務改善などに活用する。
➡43 経営効率に資する業務改革

グループ本社

事業領域を横断的にマネジメントするための本社機能。グループ経営戦略策定、事業ポートフォリオマネジメントなどの役割を担う。
➡27 グループ経営体制の高度化

クレド

ラテン語で「志」「約束」「信条」を表す言葉で、企業や組織の理念や価値観を簡潔に表現したものであり、社員が共有すべき信念や行動の指針を明文化したもの。
➡47 組織風土の改革

経営会議

経営レベルでの意思決定や報告を行う会議体。企業によって会議体の位置付け、参加者などは異なる。
➡23 経営会議体の運営

経営管理制度

企業が経営戦略を実現するための仕組み。「組織の活動コントロールのための仕組み」と「戦略的意思決定のための仕組み」からなる。
➡31 経営管理制度の高度化

経営ビジョン

企業が将来目指す理想の姿や目標を示すもの。具体的には、企業が中長期的にど

のような方向に進むべきかを明確にし、従業員やステークホルダーと共有するための指針となる。
➡1 経営企画の3つの機能

経営理念

企業やその経営者・社員が、経営や日々の業務活動にあたって重視する基本的な指針。
➡11 経営理念やミッション・パーパスの策定と浸透

コア事業・ノンコア事業

コア事業は、企業の中核をなす事業で企業の成長や競争力に直結する。ノンコア事業は、企業の主要な収益源ではない事業。
➡45 構造改革の推進

構造化

複雑な事象や問題を考えやすいシンプルな問題に分解して整理し、考えること。
➡57 ロジカルシンキングの基本

コーポレートガバナンス

会社が、株主をはじめ顧客・従業員・地域社会等の立場を踏まえたうえで、透明・公正かつ迅速・果断な意思決定を行うための仕組み。
➡24 コーポレートガバナンスの強化

コーポレートガバナンス・コード

東京証券取引所が、実効的なコーポレートガバナンスの実現に資する主要な原則を取りまとめて定めたもの。
➡24 コーポレートガバナンスの強化

コーポレートセンター機能

企業価値向上のために必要な本社機能。

企画・戦略策定機能、コントロール機能、
社会的責任遂行機能に分けられる。
→26 経営組織の構築

さ

サービスセンター機能

決算・法務相談などのプロフェッショナ
ル機能と伝票処理・給与計算などのオペ
レーション機能からなる本社機能。事業
部門やグループ会社に対して役務を提供
する機能。
→26 経営組織の構築

最終合意

M&A における最終合意は、取引の詳細を
正式に確定し、法的に拘束力を持つ重要
な契約書である。取引の概要、価格、支
払い条件、表明保証、誓約事項、条件成
就条項、補償条項、終了条項などの重要
な要素が含まれる。最終合意が締結され
ることで、取引は法的に確定する。
→41 M&A やアライアンスの推進

財務諸表

投資家等のステークホルダーに対して企
業の財務状況を報告することを目的とし
て作成される書類。金融証券取引法によっ
て上場企業などに作成が義務付けられて
いる。
→52 財務会計の基本

シェアードサービスセンター

企業グループ内の複数の部門や子会社が
共通して行う間接業務（経理、人事、総務、
IT サポート等）を一箇所に集約して処理す
る組織。
→44 シェアードサービスの推進

事業子会社

自らグループ外の顧客に対して製品や
サービスを販売し、売上および利益責任
を負うグループ会社。
→28 グループ会社のマネジメント

事業別組織

トップマネジメント（社長 /CEO）の下の階
層が特定の製品群、サービス群などの事
業別に分かれた組織構造。
→26 経営組織の構築

事業ポートフォリオ

企業が手掛ける事業およびそれらの事業
の投資や利益の構成のこと。
→15 事業ポートフォリオマネジメント

事業ポートフォリオマネジメント

企業のビジョンや持続的な成長を実現す
るために、事業ポートフォリオを設計し、
組み替えていく一連のプロセス。
→15 事業ポートフォリオマネジメント

資源の配分

限られた経営資源（ヒト、モノ、カネ、情報等）
を最適に活用し、企業の目標達成や成長
を図るための戦略的な活動のこと。具体
的には、成長が見込まれる事業や部門に
多くの資源を投入し、安定している分野
には必要最低限の資源を配分する「選択
と集中」の考え方が基本。これにより、
企業は効率的にリソースを活用し最大の
成果を上げることができる。
→6 基本役割② 資源の配分

自社株買い

株主還元の手段の１つであり、自社の一
部の株主から、自社の株式を買い取ること。

付録 1　経営企画部専門用語集

➡40 株主還元の方針検討

シナジー

買収や合併を通じて、個社単独では得られなかった経済的効果や利益を達成する概念。

➡41 M&A やアライアンスの推進

資本コスト

企業が事業活動に必要な資金を調達する際にかかるコストのこと。株主資本コストと負債コストからなる。

➡39 資本政策と最適資本構成

従業員エンゲージメント

従業員が自社の企業理念に共感し、自発的に企業の業績向上のために貢献したいと思う意欲。

➡19 人的資本経営の推進 /35 人材マネジメントの高度化

人材アジェンダ

経営戦略の目標を達成するうえで重要となる人材に関する課題を設定したもの。

➡19 人的資本経営の推進

人材戦略

経営戦略・事業戦略を実行するための人材を獲得・確保するための具体的な計画の集合体。

➡19 人的資本経営の推進

人材ポートフォリオ

企業内の人材をある条件に基づいて人材群に分類し、質と量を明らかにしたもの。

➡19 人的資本経営の推進

人事ポリシー

企業や経営者の人に関する基本的な考え方を示したもの。

➡19 人的資本経営の推進

スチュワードシップ

財産を管理することを任された者の責務のことで、投資信託委託会社、投資顧問会社などの機関投資家が委託された資産を運用管理するにあたっての受託者責任。

➡24 コーポレートガバナンスの強化

スチュワードシップ・コード

機関投資家が、顧客・受益者と投資先企業の双方を視野に入れ、「責任ある機関投資家」として当該スチュワードシップ責任を果たすにあたり、有用と考えられる諸原則を定めるもの。

➡24 コーポレートガバナンスの強化

スチュワードシップ責任

機関投資家が、投資先企業やその事業環境等に関する深い理解のほか、運用戦略に応じたサステナビリティ（ESG要素を含む中長期的な持続可能性）の考慮に基づく建設的な「目的を持った対話」（エンゲージメント）などを通じて、当該企業の企業価値の向上や持続的成長を促すことにより、「顧客・受益者」（最終受益者を含む）の中長期的な投資リターンの拡大を図る責任。

➡24 コーポレートガバナンスの強化

成熟事業

企業の成長サイクルにおいて、成長が一段落し、売上や利益が安定している段階の事業。

➡45 構造改革の推進

損益計算書

企業の一定期間の経営成績（収益・費用・利益）を示す財務報告書類。

➡52 財務会計の基本

た

貸借対照表

企業の一時点の資産・負債・純資産の状況を示す財務報告書類。

➡52 財務会計の基本

知的財産

研究や発明といった、組織の知的活動の結果生み出される、無形の資産のこと。知的財産のうち、特に特許権や商標権などのように法的に権利化されたものを「知的財産権」と呼ぶ。

➡34 知的財産管理の高度化

中期経営計画

長期ビジョンとそれを達成するための戦略を、3年間から5年間程度の、中期的な期間の目標とアクションに落とし込んだ計画。

➡16 中期経営計画の策定と管理

定型業務

請求書の作成・送付や給与計算などプロセスが決まった業務。

➡44 シェアードサービスの推進

デジタルディスラプション

既存の産業が、デジタル技術を活用した新しいビジネスモデルや仕組みによって、丸ごと代替されてしまうこと。

➡54 デジタル技術の最新動向の把握

デューデリジェンス

企業買収の意思決定を行う前に、対象企業の詳細な調査を行うプロセスのこと。対象企業のリスク、価値、将来性などを評価し、投資の判断材料とする。

➡41 M&A やアライアンスの推進

統合報告書

価値創造ストーリーを基軸に、それに関連する企業の財務・非財務の情報を開示する年次レポート。

➡14 価値創造ストーリーの策定

投資キャッシュフロー

設備投資・設備売却、有価証券の取得・売却などの投資活動によるキャッシュフローの増減。成長投資を行う企業においては、基本的に投資キャッシュフローはマイナスとなる。

➡32 キャッシュフローマネジメントの推進

ドメイン

企業が事業を展開する領域を定義したもの。

➡13 事業ドメインの設定

な

日本的経営

高度経済成長期から 1980 年代にかけて経済成長を続けた日本の大企業の、際立った競争力の源泉とされる日本独自の経営システム。ジェームズ・C. アベグレンは著書『日本の経営』の中で日本企業の特徴として企業別組合、終身雇用、年功制を指摘し、この 3 つが日本的経営の「三種の神器」と指摘した。

付録1　経営企画部専門用語集

➡35 人材マネジメントの高度化

は

ハードルレート

投資判断や投資後の収益性をみる際の指標の1つ。投資した資産から生み出されるリターンが超えるべき水準（％）。
➡33 投資評価・管理の高度化

パーパス

企業が事業を営む目的や使命・存在意義。ミッションとおおむね同義と考えてよいが、特に社会との関係性や、社会に与える影響に注目して表現したもの。
➡11 経営理念やミッション・パーパスの策定と定義

配当

株主還元の手段の1つで、会社が持つ現金を株主に支払うこと（厳密には、現金に限らず資産を払い戻すこと）。
➡40 株主還元の方針検討

バックキャスティング

企業が今後の戦略や経営計画を策定する際に、現状起点ではなく、「将来どうありたいか（どうあるべきか）」を先に考えて、そこに至るための道筋を考える検討アプローチのこと。
➡12 長期ビジョンの策定

パラダイムの転換

従来の常識や考え方が根本的に変わることを指す。企業においては、企業が従来の経営や働き方に対する考え方や価値観を根本的に変えることを指し、これにより企業は外部環境の変化に適応し、競争力を維持することができる。
➡61 経営企画部スタッフと管理者の心構え

バリュー（価値観）

ミッションや経営ビジョンを実現するために、経営陣や社員が共有する考え方・価値観や行動指針のこと。
➡11 経営理念やミッション・パーパスの策定と定義

バリューチェーン

企業が製品やサービスを提供する際に、価値を生み出す一連の活動を指す。この概念は、マイケル・ポーターによって提唱された。バリューチェーンは主に主活動（原材料の調達、製造、出荷、マーケティング、販売、サービスなど、直接的に価値を生み出す活動）、支援活動（人事管理、技術開発、調達管理、企業インフラの整備など、主活動をサポートする活動）に分けられる。
➡6 基本役割② 資源の配分

標準化戦略

全世界で同じ製品やサービスを提供することで規模の経済を追求し、コスト効率性を高める戦略。グローバルでのブランド価値の統一化も図りやすい。
➡21 グローバル戦略の立案と推進

表明保証

企業の売買契約や投資契約において、売り手が買い手に対して提供する情報の真実性および正確性を確認・保証するための条項。正確な情報提供と責任の明確化を通じて、取引の透明性と信頼性を確保する役割を果たす。
➡41 M&A やアライアンスの推進

負債コスト

負債（有利子負債）を活用して資金を調達する際のコスト（＝借入利息）。

→39 資本政策と最適資本構成

プロジェクト

特定の目的を達成するために個別に発生する、有期限の業務のこと。

→56 プロフェクトマネジメントの基本

プロジェクトマネジメント

プロジェクトを発足させ、計画を立て、実行し、目標を達成するまでの一連の活動を管理すること。

→56 プロフェクトマネジメントの基本

ベストオーナー

企業あるいは事業が、どの所有者（オーナー）の下で最も企業価値を最大化できるかといった概念。

→45 構造改革の推進

ま

ミッション

企業が事業を営む目的や使命、存在意義を示すもの。

→11 経営理念やミッション・パーパスの策定と定義

メガトレンド

超長期の時間軸で、グローバルの規模で進行するような、マクロ環境の大きな変化。

→48 メガトレンドからの未来予測

持株会社

持株会社（純粋持株会社）は、自らは事業遂行機能を持たずに、子会社の株式を保有・管理することのみを目的としている会社のこと。

→27 グループ経営体制の高度化

問題解決

問題（ここでは、あるべき状態と現状とのギャップ）とその要因を特定して、その解消のために取るべき行動を決め、実際に行動して問題を解消するまでの一連の思考・行動のプロセスやスキルのこと。

→58 論点思考と仮説思考の基本

や

予算

計数目標を達成するための収支・資金・投資に関する数値計画。全体の予算編成方針に基づき、部署別に予算を策定し、期中は予算と実績の差分を管理する。

→18 予算の編成と管理

ら

リスキル

リスキル（reskill）はリスキリング（reskilling）とも呼ばれ、社員が新しいスキルや技術を習得することを意味する。

→19 人的資本経営の推進

リスクマネジメント委員会

企業や組織において発生し得るさまざまなリスクを識別し、評価し、対応するための専門機関。組織全体のリスクを管理し、安定した経営を支える重要な役割を果たす。

➡30 リスクマネジメントの高度化

ローカライゼーション戦略

各国の特徴、文化的背景や消費者の好み
に合わせて、製品やサービス、マーケティ
ング手法を本国とは変化させる戦略。
➡21 グローバル戦略の立案と推進

ローリング

事業環境の変化などを踏まえて、中期経
営計画などを、当初の計画期間が終わら
ないうちに一部見直し、更新すること。
➡16 中期経営計画の策定と管理

ロジカルシンキング

論理的思考法とも呼ばれる。物事の論理
的なつながりをとらえ、筋道を立てて結
論を導く思考法やそのためのツールのこ
と。
➡57 ロジカルシンキングの基本

論点思考

問題解決にあたって必要とされる思考法
の１つ。解くべき問題（＝論点）を明確に
して、その論点に対する答えを出す形で
解決策を考える思考法。
➡58 論点思考と仮説思考の基本

付録 2

経営企画部お役立ち情報源

◆ニュースメディア・新聞

名称/発行機関	概要
日本経済新聞(日本経済新聞社)	経済全般、業界・企業動向に関するニュース・特集記事等
Bloomberg (ブルームバーグ L.P.)	金融ニュース、マーケット情報、市場分析情報等海外のニュースが充実
Reuters (トムソン・ロイター)	トムソン・ロイターのニュース・メディア部門。ビジネス、経済、市場・マーケット関連のニュースを発信
NewsPicks (ユーザベース)	国内外の経済ニュースを集約し、専門家やユーザーのコメントを通じて多角的な視点を提供する経済ニュースプラットフォーム

◆産業/市場情報・各種レポート

名称/発行機関	概要
グローバル経済と主要産業の動向 (三井住友銀行、日本総合研究所)	グローバル経済と主要産業の動向、並びに主要企業の業績動向などに関するレポート
産業調査レポート (三井住友銀行)	各種経済トピック(グローバルの産業動向、各国政策動向と影響など)に関するレポート
経済予測レポート (日本経済研究センター)	短期、中期、長期の経済予測レポート含めた各種経済予測に関するレポート
マーケットレポート (矢野経済研究所)	特定ビジネス分野の市場規模・企業シェア・将来予測・メジャープレイヤーの動向など、マクロやミクロの視点から当該テーマを総合的に調査・分析したレポート群
調査レポート (富士経済グループ)	富士経済、富士キメラ総研などのグループ各社による食品、医薬品、化粧品、産業機械、エネルギー、エレクトロニクス部品・材料、電気製品・ITサービス等に関する調査レポート群

◆統計情報

名称/発行機関	概要
人口動態調査 (厚生労働省)	厚生労働省が実施する基幹統計調査で、日本における出生、死亡、死産、婚姻、離婚等の調査データ
将来推計人口・世帯数 (国立社会保障・人口問題研究所)	日本の将来の人口および世帯数の動向予測
国民経済計算(GDP統計) (内閣府)	日本の経済活動を総合的に把握するための重要な指標であるGDP(国内総生産)

国勢調査 （総務省）	5年ごとに実施される人口や世帯の基本情報を把握するための統計
法人企業統計調査 （財務省）	営利法人等の企業活動の実態を把握するために実施されている基幹統計調査。資本金階層別、業種別等の決算情報等が公表されている
企業活動基本調査 （経済産業省）	企業の経営戦略や産業構造の変化を把握するための統計
商業動態統計調査 （経済産業省）	全国の商業を営む事業所および企業の販売額等に関する統計調査。業種別や業態別の商品販売額等を把握可能
家計調査 （総務省）	家計の収入・支出、貯蓄・負債などに関する月次の調査。家計がどのようなモノ・サービスに対して支出を行っているか等を調べることが可能

◆各種ガイドライン・提言

名称／発行機関	概要
コーポレートガバナンスに関するガイドライン （経済産業省）	「コーポレート・ガバナンス・システムに関する実務指針（CGSガイドライン）」や「グループ・ガバナンス・システムに関する実務指針（グループガイドライン）」など5つのガイドラインから構成されており、東証のコーポレートガバナンス・コード実践のための実務指針
デジタルガバナンスコード （経済産業省）	企業のデジタルトランスフォーメーション（DX）を促進するために策定した指針。企業がデジタル技術を活用して持続的な成長と競争力を維持・向上させるための具体的な方策を示している
中小M&Aガイドライン （中小企業庁）	中小企業向けのM&A（合併・買収）に関する指針で、特に事業承継や企業再生を目的としたM&Aを進める際に、透明性や公正性を確保するためのもの
伊藤レポート （経済産業省）	「持続的成長への競争力とインセンティブ ～企業と投資家の望ましい関係構築～」プロジェクトの報告書であり、日本企業は最低限ROE8%を上回るべき等の提言が含まれる
伊藤レポート2.0 （経済産業省）	持続的成長に向けた長期投資（ESG・無形資産投資）研究会の報告書であり、企業と投資家の開示・対話のためのフレームワークのあるべき姿等についての提言
伊藤レポート3.0 （SX版伊藤レポート） （経済産業省）	サステナブルな企業価値創造のための長期経営・長期投資に資する対話研究会（SX研究会）の報告書であり、SX（サステナビリティ・トランスフォーメーション）の実現に向けた取組み等について概説
価値協創ガイダンス （経済産業省）	投資家に伝えるべき情報を体系的・統合的に整理し、情報開示や投資家との対話の質を高めるための手引
知財・無形資産ガバナンスガイドライン	知財・無形資産の投資・活用を実行するためのガイドライン

◆データベース

名称/発行機関	概要
スピーダ （ユーザベース）	企業分析や市場調査を効率化する情報プラットフォーム
日経テレコン （日本経済社）	新聞・雑誌記事、企業情報、人事情報などを網羅したビジネスデータベース
FACTIVA （Dow Jones & Company, Inc.）	ダウ・ジョーンズが提供する、グローバルなニュースやビジネス情報を収集できるデータベース
eol （アイ・エヌ情報センター）	国内株式公開企業の財務・非財務情報を総合的に提供する企業情報データベース
開示ネット （インターネットディスクロージャー）	金融商品取引法に基づく有価証券報告書などの開示書類を閲覧できるデータベース

◆専門家・有識者インタビュープラットフォーム

名称/発行機関	概要
ビザスク （ビザスク）	業界の専門家に1時間単位で相談できるスポットコンサルティングサービス
ミーミル （ミーミル）	多様な業界のエキスパートネットワークを活用し、企業の意思決定を支援するリサーチサービス
Flash Opinion （ユーザベース）	専門家に質問し、24時間以内に5名以上からテキスト回答を得られる情報サービス

◆ビジネス雑誌

名称/発行機関	概要
日経ビジネス/日経ビジネス電子版 （日経BP）	経済、政治、社会、国際、科学などの情報を分析・解説する専門情報誌とそのデジタル版
週刊東洋経済/東洋経済オンライン （東洋経済新報社）	取材力・分析力を強みとする総合経済誌とそのオンライン版
週刊ダイヤモンド/ダイヤモンド・オンライン（ダイヤモンド社）	ビジネスに関する最新のニュースや分析を提供する週刊誌とそのオンライン版
DIAMOND ハーバード・ビジネス・レビュー（ダイヤモンド社）	世界のビジネスリーダー向けに戦略、イノベーション、リーダーシップに関する洞察を提供する雑誌
一橋ビジネスレビュー （東洋経済新報社）	特集論文、経営学の最先端を紹介するコラムに加え、ビジネス・ケース、経営者インタビューを毎号掲載
PRESIDENT （プレジデント社）	ビジネス総合誌で、最新のマネジメント手法や経済情報を提供
Forbes JAPAN （リンクタイズ）	世界のビジネス・経済・社会の動向を分析・報告する経済誌の日本版

◆専門誌

名称／発行機関	概要
企業診断 （同友館）	ビジネス・クリエーターのための情報誌で、経営戦略や組織改革に関する実践的な情報を提供
旬刊 経理情報 （中央経済社）	経理・税務・金融・証券・法務などの企業の実務担当者に必要な新制度・実務問題を、タイムリーに取り上げた専門実務誌
労政時報 （労務行政）	労働政策や労働法に関する最新の情報や解説を提供する専門誌
Jurist（ジュリスト） （有斐閣）	企業の実務に必要な立法・判例・実例・最先端情報をタイムリーに解説

索 引

数字・英字

100日プラン	209
3C分析	154, 155, 209
4P分析	162, 163, 209
5forces分析	156, 157, 209
7P分析	162, 163
B Corp認証	207
Day1	209
DE&I	209
DEレシオ	127
DX	209
DX戦略	66
ERM	209
ESG	116, 117, 209
IT戦略	100, 210
KGI	58, 146, 210
KPI	58, 146, 210
KSAOs	110
KSF	154
M&A	130, 131, 210
MECE	182, 210
MVV	39, 64, 148, 210
NOPLAT（税引後営業利益）	145
PBR（株価純資産倍率）	146
PDCA	51, 104, 105, 210
PEST分析	152, 153, 154, 155, 210
PLC分析	168, 169, 210
PMI	134, 135, 210
PPM	48
PPM分析	166, 167, 211
ROE（自己資本利益率）	144
ROIC	48, 144, 145, 146, 147
ROIC経営	144
ROICツリー	146, 147
SBU（戦略的事業単位）	146
SRI	116, 211
STP分析	160, 161, 211
SWOT分析	156, 157, 211
VRIO分析	164, 165
WACC	124, 125, 126, 127, 144, 145, 211

あ

アクティビスト	120
アセットオーナー	120, 211
アセットマネジャー	120, 211
アライアンス	130, 131, 211
アンケート	32, 33
委員会等設置会社	86
伊藤レポート	190, 191
伊藤レポート3.0	191
運転資金	174
営業CF（キャッシュフロー）	106, 211
エーベルの三次元事業定義モデル	44, 45
オペレーション分析	22, 23

か

会社法	170, 178, 179, 211
回収期間法（投資）	108
改訂コーポレートガバナンス・コード	82
加重平均資本コスト	124, 125, 126
仮説思考	186, 187, 212
価値共創ガイダンス2.0	191
価値創造ストーリー	46, 47, 212
価値創造プロセス	46, 47
金のなる木（PPM分析）	166, 167
株主還元	128, 129, 212
株主資本コスト	124, 125, 212
株主資本等変動計算書	170, 171
監査委員会	86
監査等委員会設置会社	86, 87, 122
監査役会設置会社	86, 87, 122
カンパニー制	94, 212
基幹システム	212
機関設計	86, 122
機関投資家	120
企業価値算定	212
記述情報の開示の好事例集	191
機能子会社	98, 99, 212
機能別組織	88, 89, 212
基本合意	212
キャッシュカウ	142
キャッシュフローマネジメント	106, 107

キャッシュフロー計算書 ……………170, 171	事業子会社 ………………………98, 99, 214
競争地位別戦略 …………………158, 159	事業再編実務指針 ………………………191
業務改革 ………………………136, 137, 212	事業部制 …………………………………94
業務量調査 ……………………138, 139, 213	事業別組織 ………………………88, 89, 214
金融商品取引法 …………170, 178, 179	事業ポートフォリオ分析 ……………142
クライシスマネジメント …………103	資金調達 …………………………………174
グラント，アダム …………………64	資源の配分 ………………………………215
グループ会社管理規程 ………………99	自社株買い ………………………128, 129, 214
グループ経営 ……………………………92	執行役員会議 ……………………………78
グループ会社 ……………………………98	シナジー …………………………………214
グループ経営会議 ……………………79	シニアエグゼクティブ・サクセッション … 122
グループ本社 ……………………………213	資本コストや株価を意識した経営の実現に
クレド ……………………………148, 213	向けた対応 …………………………191
グローバル戦略 …………………………70	資本コスト ……………124, 125, 175, 214
クロス SWOT 分析 ………………156, 157	資本政策 …………………………124, 125
経営会議 ……………………………78, 213	指名委員会等設置会社 …………86, 87, 122
経営管理制度 …………………104, 105, 213	指名委員会 …………………86, 122, 123
経営者の参謀 ……………………28, 29	社会的責任投資 …………………………116
経営戦略会議 ……………………………78	社内のハブ ………………………30, 31
経営ビジョン ……………………23, 213	従業員エンゲージメント ……………215
経営理念 …………………23, 38, 39, 213	集中戦略 …………………………158, 159
現状分析 ……………………………22, 23	純粋持株会社 ……………………………96
コア事業 …………………………………213	常務会 ……………………………………78
後継者計画 ………………………………122	新規事業戦略 ……………………………74
構造化 ……………………………………213	人材ポートフォリオ …………………215
構造改革 …………………………142, 143	人材アジェンダ …………………………215
構想設計 ……………………………22, 23	人材戦略 …………………………………215
コーポレートガバナンス …………82, 213	人材版伊藤レポート ………………62, 112
コーポレートガバナンス・コード	人材版伊藤レポート 2.0 …………112, 191
………………………118, 190, 191, 213	人事ポリシー ……………………………215
コーポレートセンター機能 …90, 91, 213	人的資本経営 …………………62, 112, 113
個人情報保護に関するガイドライン ………190	スチュワードシップ …………………215
コスト・リーダーシップ戦略 …158, 159	スチュワードシップ・コード…………215
	スチュワードシップ責任 ……………215
さ	成熟事業 …………………………………215
サービスセンター機能 …………90, 91, 214	責任投資原則（PRI） ……………………116
最終合意 …………………………………214	セグメンテーション ……………160, 161
最適資本構成 ……………………126, 127	設備資金 …………………………………174
財務会計 …………………………………170	総合企画 …………………………………22
財務諸表 …………………………170, 171, 214	組織風土 …………………………………148
財務分析 ……………………………22, 23	損益計算書 …………170, 171, 172, 173, 215
サクセッションプラン ………………122	
差別化戦略 ………………………158, 159	**た**
シェアードサービス …………………140	ターゲティング …………………160, 161
シェアードサービスセンター …140, 141, 214	貸借対照表 …………170, 171, 172, 173, 216
事業ポートフォリオ ……………48, 49, 214	知的財産 …………………………110, 111, 216
事業ポートフォリオマネジメント	知的財産権 ………………………………110
………………………48, 50, 51, 214	

チャレンジャー企業（競争地位別戦略）
……………………………………… 158, 159
中期経営計画……………………………… 52, 216
長期ビジョン……………………………………… 40
定型業務…………………………………………… 216
定例業務…………………………………………… 16
データドリブン経営……………………………… 66
デジタイゼーション……………………………… 66
デジタライゼーション…………………………… 66
デジタルガバナンス・コード……………… 176, 177
デジタルガバナンス・コード 2.0……………… 191
デジタルディスラプション………………… 176, 216
デジタルトランスフォーメーション………… 66
デスクリサーチ………………………………… 32, 33
デューデリジェンス…………………………… 132, 216
投下資本利益率………………………………… 144
統合報告書………………………………………… 216
投資 CF（キャッシュフロー）……………… 106, 216
投資管理……………………………………… 108, 109
投資評価……………………………………… 108, 109
特命業務…………………………………………… 16
特命事項…………………………………………… 198
独立社外取締役…………………………………… 84
ドメイン…………………………………………… 44, 216
取締役会…………………………………………… 84

な

内部リソース分析…………………………… 22, 23
ニッチャー企業（競争地位別戦略）………… 158, 159
日本的経営……………………………………… 216
ノンコア事業…………………………………… 213

は

ハードルレート……………… 51, 108, 146, 217
パーパス……………………………………… 38, 39, 217
買収監査……………………………………… 132
配当………………………………………… 128, 129, 217
パイプライン……………………………………… 76
バックキャスティング……………………… 40, 217
花形（PPM 分析）…………………………… 166, 167
パラダイムの転換………………………………… 217
バリュー（価値観）………………………… 38, 39, 217
バリューチェーン………………………………… 217
バリューチェーン分析…………… 24, 25, 164, 165
ヒアリング……………………………………… 32, 33
ビジネス環境分析………………………………… 22, 23
ビジョン………………………………………… 38, 39
標準化戦略（事業戦略）……………………… 70, 217

表明保証…………………………………………… 217
ファイナンス……………………………………… 174
フォアキャスティング…………………………… 40
フォロワー企業（競争地位別戦略）……… 158, 159
負債コスト…………………………………… 124, 125, 218
プロアクティブ行動……………………………… 64
プロアクティブ人材…………………………… 64, 65
プロジェクト……………………………………… 218
プロジェクトマネジメント………… 180, 181, 218
ベストオーナー…………………………… 142, 218
ベネフィット・コーポレーション………… 207
報酬委員会…………………………… 86, 122, 123
ポーターの 3 つの基本戦略………………… 158, 159
ボード・サクセッション…………………… 122
ポジショニング………………………………… 160, 161

ま

マクロ環境分析…………………………………… 152
負け犬（PPM 分析）…………………………… 166, 167
マネジメント・ボード…………………………… 84
ミッション……………………………… 38, 39, 218
民法……………………………………………… 178, 179
無形資産……………………………………… 110, 111
メガトレンド…………………………… 152, 153, 218
持株会社…………………………………… 96, 97, 218
モニタリング・ボード…………………………… 84
物言う株主……………………………………… 120
問題解決……………………………………… 218
問題児（PPM 分析）…………………………… 166, 167

や

予算………………………………………………… 60, 218
予算管理…………………………………………… 60
予算編成方針……………………………………… 60

ら

リーダー企業（競争地位別戦略）………… 158, 159
リサーチ…………………………………… 188, 189
リスキル………………………………………… 218
リスクマネジメント…………………………… 102, 103
リスクマネジメント委員会……………………… 218
レヴィンの 3 段階組織変革プロセス… 148, 149
労働法………………………………………… 178, 179
ローカライゼーション戦略（事業戦略）
……………………………………… 70, 219
ローリング……………………………………… 219
ロジカルシンキング…………………… 182, 183, 219
論点思考……………………………………… 184, 185, 219

229

株式会社日本総合研究所 経営企画機能研究チーム

高津 輝章 (こうづ てるあき)
株式会社日本総合研究所 リサーチ・コンサルティング部門 ストラテジー&マネジメントグループ シニアマネジャー/公認会計士。一橋大学商学部経営学科卒業・同大学院商学研究科経営学修士課程修了。グループ経営改革、経営計画策定、経営管理機能強化、事業・組織再編、M&A戦略立案、資本政策検討などのコンサルティング業務に従事。

吉田 徹 (よしだ とおる)
株式会社日本総合研究所 リサーチ・コンサルティング部門 環境・エネルギー・資源開発グループ シニアマネジャー/公認会計士。一橋大学商学部経営学科卒業。銀行、監査法人、メーカー勤務を経て現職。中期経営計画策定・運用支援、マネジメント体制構築支援等業界や企業規模問わず広く経営コンサルティング業務に従事。

郷原 陸 (ごうはら りく)
株式会社日本総合研究所 リサーチ・コンサルティング部門 ストラテジー&マネジメントグループ マネジャー。一橋大学商学部経営学科卒業・同大学院商学研究科経営学修士課程修了後、現職。製造業、メディア・エンターテイメント産業などを中心に、全社戦略・事業計画の策定やポートフォリオマネジメントの高度化などの経営戦略・経営管理分野のコンサルティング業務に従事。

岡田 昌大 (おかだ まさひろ)
株式会社日本総合研究所 リサーチ・コンサルティング部門 ストラテジー&組織・人材開発グループ シニアマネジャー。京都大学経営管理大学院修士課程修了。事業会社にて経営企画・事業企画の実務を経て現職。経営・事業戦略策定、中期経営計画策定、CEO・取締役のサクセッションプラン策定、取締役会・指名報酬委員会の機能強化などのコンサルティングに従事。

宮下 太陽 (みやした たいよう)
株式会社日本総合研究所 未来社会価値研究所兼リサーチ・コンサルティング部門 マネジメント&インディビジュアルデザイングループ シニアマネジャー／博士（心理学）。組織・人事領域を専門とし、コンサルタントとしての知見のみならずアカデミアの知見も駆使し、顧客の本質的な課題を捉えた科学的な組織変革を支援。

二宮 望 (にのみや のぞむ)
株式会社日本総合研究所 リサーチ・コンサルティング部門 ストラテジー&マネジメントグループ アソシエイトコンサルタント。慶應義塾大学商学部商学科卒業後、現職。資本コスト経営推進支援、経営戦略・事業戦略・経営計画策定、マネジメント体制構築支援など幅広い業界を対象に経営戦略・経営管理分野のコンサルティング業務に従事。

経営企画部員の基礎知識

2024 年 12 月 30 日　初版第 1 刷発行

著　者——株式会社日本総合研究所 経営企画機能研究チーム
　　　　　　Ⓒ2024 The Japan Research Institute, Limited
発行者——張 士洛
発行所——日本能率協会マネジメントセンター

〒103-6009 東京都中央区日本橋2-7-1　東京日本橋タワー
TEL 03(6362)4339（編集）／03(6362)4558（販売）
FAX 03(3272)8127（販売・編集）
https://www.jmam.co.jp/

装　　丁——重原 隆
本文 DTP——株式会社森の印刷屋
編集協力——根本 浩美（赤羽編集工房）
印 刷 所——広研印刷株式会社
製 本 所——株式会社新寿堂

本書の内容の一部または全部を無断で複写複製（コピー）することは、法律で認められた場合を除き、著作者および出版者の権利の侵害となりますので、あらかじめ小社あて承諾を求めてください。

ISBN978-4-8005-9283-5 C2034
落丁・乱丁はおとりかえします。
PRINTED IN JAPAN

JMAM の本

ジョブ型人事制度の教科書
日本企業のための制度構築とその運用法

柴田 彰・加藤守和　著

A5判224ページ

「ジョブ型は成果主義のことだ」などとの誤解があるジョブ型人事制度。「処遇は職務の価値によって与えられる」ことを根底に、制度設計から評価法、運用法などの実務を専門家が詳述。

経営戦略としての
取締役・執行役員改革

柴田彰・酒井博史・諏訪亮一　著

四六判296ページ

改訂コーポレートガバナンス・コードが求める「独立社外取締役の有効活用」と「取締役会の実効性確保」が真のグローバル企業の条件。監督と執行の本格的分離を推進するための秘訣がわかる。

経営戦略としての人的資本開示
HRテクノロジーの活用とデータドリブンHCMの実践

一般社団法人
HRテクノロジーコンソーシアム　編

A5判216ページ

「人への投資」を積極化して企業価値向上を目指す経営者、人的資本開示の実務を担う担当者、開示情報を投資判断に使う投資家などを対象にいま必要な情報を体系的に整理。

EX従業員エクスペリエンス
会社への求心力を強くする人事戦略

加藤守和・土橋隼人　著

A5判200ページ

募集・採用から退職・アルムナイまで働く人の経験価値の高め方がわかる。EXを成功させるための6つの領域に実直に対応していくことで従業員から「選ばれる会社」になる秘訣を事例を交えて紹介。

日本能率協会マネジメントセンター